幻の本土上陸作戦

――オリンピック作戦の全貌

NHK「果てなき殲滅戦」取材班
＋中津海法寛

SHODENSHA SHINSHO

祥伝社新書

序

NHK「果てなき殲滅戦」取材班　中津海法寛

本書は2020年8月にNHK BS1で放送された「果てなき殲滅戦～日本本土上陸作戦に迫る～」を書籍化したものである。

書籍化にあたっては、限られた放送時間の中で触れられなかった取材時のエピソードや体験者の証言、資料なども加え、昭和20（1945）年11月に計画されていた連合軍による戦慄の上陸作戦の全貌を詳細に記した。

コロナ禍の中で日米両国にわたる取材を敢行し、作戦の謎に迫った取材班の執念によって明かされた事実――戦争が人、組織の理性を失わせていく過程――は、平和な時代を生きる現代の人々にとってにわかに信じがたい内容となっている。

もし上陸作戦が決行されていれば、世界史上かつてない凄惨な殺戮が九州の地で起きていただろう。幸いにも実行されることがなかったため、戦史研究の分野でもあまり注目されることがない作戦であるが、わずか70数年前に起ころうとしていたその作戦には戦争の残酷な本質が秘められている。

目次

第2章 戦慄の上陸作戦の全貌

第3章 焦土と化した南九州

第4章　「地下壕」をめぐる日米の攻防

第5章 極秘で進められた「対日毒ガス作戦」

第6章 日本、一億玉砕へ

第7章 作戦決行か否か〜米軍内部の攻防

第8章 一般市民を狙い撃つ

第9章 憎しみの連鎖の果てに

エピローグ　私たちへのメッセージ

本文画像　ＮＨＫ提供
図版製作　アルファヴィルデザイン

プロローグ

殲滅戦への道

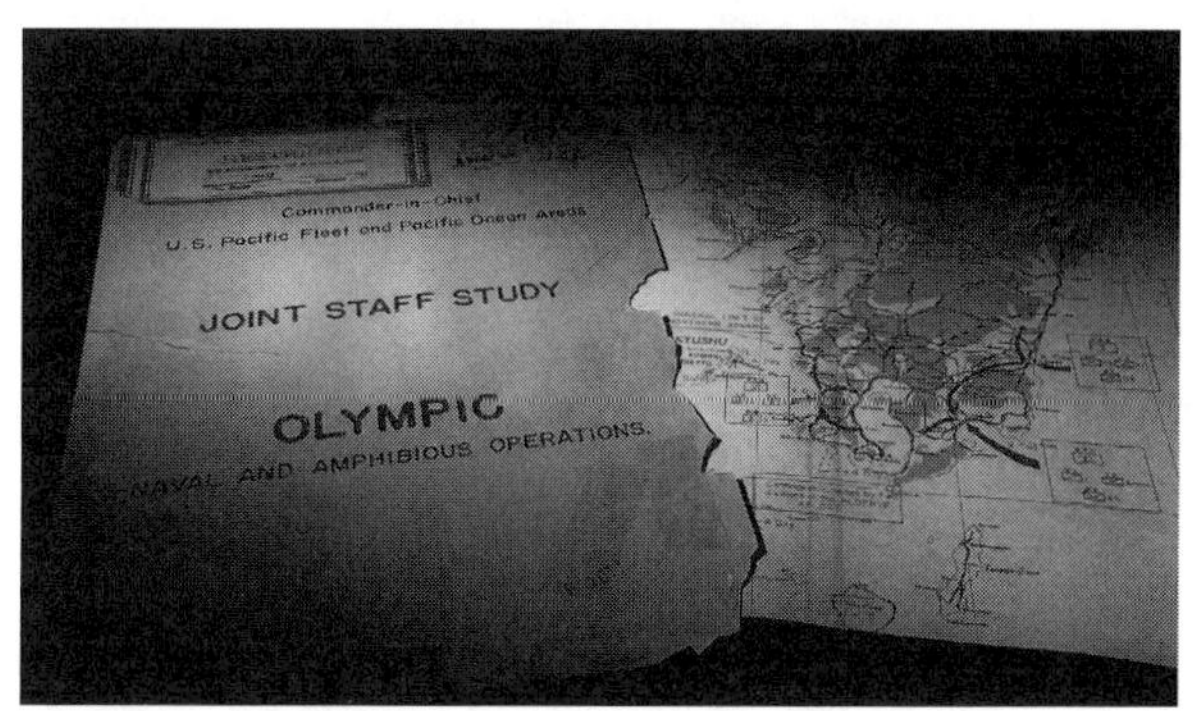

アメリカ国立公文書館に眠るオリンピック作戦文書

企画の発端

戦後75年の節目の年となった２０２０年の8月15日、私はＮＨＫ ＢＳ１スペシャル「果てなき殲滅戦～日本本土 上陸作戦に迫る～」という49分の戦争証言ドキュメント番組を制作した。

太平洋戦争末期にアメリカ軍が計画していた日本本土への上陸作戦、それがいかに行なわれようとしていたかを追跡する番組だ。作戦の核心に迫る番組制作の過程で明らかになってきたのは、憎しみの連鎖の中で戦争が無限に拡大していく〝果てしなき殲滅戦〟そのものだった。

どのような取材過程を経て、どんな歴史的事実が明らかになったのかを、私は本書にできる限りを赤裸々に書き残そうと思う。それはあの戦争から長い歳月が経ち戦争の記憶が確実に薄れていっていること、そして私に遺言を託すかのように懸命に語り遺してくださった戦争体験者の方々の声を何とか後世に語り継いでいきたいと思ったからだ。

49分という番組内では伝えきることができなかった体験者の方々の証言、さらに新たに発掘された資料や写真、音声記録を織り交ぜながら、私のたどった取材過程を書き記したいと思う。

沖縄で出会った戦争体験者

番組制作に思い至った動機を改めて思い返してみると、NHKに入局してすぐに勤務した沖縄時代の取材体験が原風景としてあった。

私が入局したのは、平成17(2005)年で戦後60年にあたる節目の年だった。赴任した沖縄放送局で何を取材してよいか分からず右往左往する新人ディレクターの私を横目に、先輩ディレクターたちは戦後60年の夏の戦争特番に向けて、朝から晩まで取材にかけずり回り、数々の労作を残していた。

周知の事実だが、沖縄は太平洋戦争で地上戦が行なわれ、約3カ月におよんだ戦闘で軍民あわせて20万人以上が犠牲となった場所である。沖縄に赴任した以上、戦争の取材は避けては通れない道だった。

当時は戦争についてほとんど知識も関心もない若造だったが、沖縄で取材を続ける中で、少しずつ戦争体験者の方々とお会いするようになり、戦争が一人ひとりの人生にいかに大きな爪痕(つめあと)を残しているかを、思い知らされることになった。

今でも忘れられないのは、沖縄の「伊江島(いえじま)」という小さな島を舞台に、戦争証言ドキュメント番組「市民たちの戦争　悲劇の島 語れなかった記憶」を制作した時のことだ。

アメリカ軍が飛行場建設のために重要拠点と定めた伊江島では、日米が血みどろの戦闘を繰り広げた。住民たちも日本軍と一体となってアメリカ軍と戦ったが、次第に追い詰められ、最後は家族同士で殺し合う「集団自決」が起きた。

自分がいない間に肉親が手榴弾(しゅりゅうだん)を囲んで爆死し、その亡骸(なきがら)を目の当(ま)たりにした人。防空壕の中で泣き叫ぶ我が子を乳房(ちぶさ)に押しつけて殺した母親。最後の酒を酌(く)み交(か)わしたあと、アメリカ軍に突撃していった友人たちを見送った女性——。

みな悲痛な表情を浮かべ、時に涙をこらえ、それでも私の目をまっすぐに見つめて、懸命に語り遺してくださった。戦争とはいかに人間を狂わせてしまうものか。そのことをまざまざと思い知らされると同時に、「こうした悲劇が二度とあってはならない、そのために今後もできる限り戦争に向き合い続けたい」と決意を新たにしたことを、今も鮮明に覚えている。

「米軍カメラマンの孫」との旅

それから6年の東京勤務を経て、平成28（2016）年に、私は再び地域放送局に勤務することになった。赴任先は鹿児島となり、戦後71年の年を迎えていた。

鹿児島という土地で何を伝えていくべきか、日々悶々と考え続ける中で、いつも頭の片隅にあったのは「戦争」の二文字だった。沖縄勤務時代のように、もう一度戦争体験者の方と向き合い、その言葉を後世に残していきたいという気持ちが心の奥底にあった。

そんな折、ある新聞記事が目にとまった。「祖父の戦争をめぐる旅」と題した鹿児島県在住のアメリカ人男性スコット・ハインリさんの記事だった。

スコットさんの祖父クラウド・ポー氏は太平洋戦争中、「アメリカ軍のカメラマン」としてサイパン、硫黄島などに従軍し、終戦後は九州を縦断しながら空襲の被害の惨状を記録し続けたという。

さらにスコットさんは、祖父が記録した終戦直後の九州の写真を１００枚以上も保管しているという。記事を読み終えた瞬間、私は「これだ！」と心の中で叫び、すぐに興奮で震える手で電話をかけた。

「ポーさんが、終戦直後の九州の写真を大切に保管していたと新聞で拝見しました。その写真を是非見せていただけませんか？　九州の戦争を知るための、極めて貴重な記録をポーさんは遺してくださっていると思います」

突然の申し出にもかかわらずスコットさんは、「是非、自宅にいらしてください。色々とお話をしましょう」と、流暢（りゅうちょう）な日本語で答えてくれ、数日後に会うことになった。

面会当日に待っていたのは、大柄で温和（おんわ）なアメリカ人の男性だった。スコットさんは英語教師として来日し、その後日本人の妻と国際結婚したという。二人の子供を授かり、鹿児島県北部の伊佐（いさ）市で、家族４人で暮らしていた。

挨拶を済ませ、祖父の人柄について尋ねると、とても優しい人で色々なことを話して聞かせてくれたが、「戦争について家族に語ることは一切なかった」という。

鹿児島に暮らすスコット・ハインリさん

写真は祖父の死後、アメリカの自宅の遺品の中から発見された。祖父は九州で撮影した写真を、自宅の地下室のトランクの中に長年隠し持っていたという。

なぜスコットさんの祖父は、誰にも見せず、処分することもなく、写真を保管していたのか？ 九州で壮絶な何かを見てしまったのではないか？ 九州で一体何があったのか、という疑問が次々にわき起こってきた。

幸運なことに、祖父の足跡(そくせき)をたどる手がかりも残されていた。ポー氏は自(みずか)らが九州で歩んだ経路を、当時の地図に書き残していたのだ。

そしてすべてではないが、写真の裏にどこで撮影したかを示すキャプションも残してくれていた。

それを見た瞬間、私は「ポーさんの戦争を一緒にたどりませんか?」と問いかけ、スコットさんも「是非知りたい。祖父が九州で何を見たのか、何を感じたのか、祖父の戦争に近づきたい」と同意してくれた。

鹿児島空襲の背後にあった上陸作戦

その日からおよそ2カ月をかけて、私たちは少しずつ九州各地をめぐった。男性の祖父が最初に上陸したのは長崎県佐世保(させぼ)市で、そこから佐賀、福岡、熊本、鹿児島へと南下し、私たちはその土地で出会った空襲体験者の方々に話を聞き続けた。

その過程をまとめたドキュメント番組は、「目撃!にっぽん『祖父が遺(のこ)した戦争~米軍カメラマン よみがえる記録~』」というタイトルで、2017年10月1日に全国放送されたが、その制作過程でひとつ気になることがあった。

長崎、佐賀、福岡、熊本といずれもアメリカ軍の空襲で相当な被害が出ていたが、

空襲で廃墟と化した鹿児島市（クラウド・ポー氏撮影）

米軍カメラマンだったスコットさんの祖父クラウド・ポー氏

中でも鹿児島はまるで原爆投下の直後のように、ほとんど何も残らないほど徹底的に破壊されていた。鹿児島市は市街地の90パーセント以上が焼失、さらに沿岸部の小さな農村・漁村までもが空襲の標的とされ、しらみつぶしに狙われていたのだ。

「なぜ鹿児島だけが、重点的に狙われたのか」という疑問が私の脳裏から離れず、時間を見つけては資料を読みあさっていった。すると鹿児島への空襲の背後に、アメリカ軍が計画していた壮大な作戦があることが分かってきた。

それこそが、「ダウンフォール作戦（日本本土上陸作戦）」だ。

ダウンフォールを和訳すると「殲滅」という意味になる。文字通り、アメリカ軍は日本本土に上陸し、抵抗を続ける日本を殲滅させるまで徹底的に破壊し尽くそうとしていたのだ。さらに調べていくと、ダウンフォール作戦は二つの大きな作戦で構成されていることが分かった。

ひとつは「オリンピック作戦（九州上陸作戦）」と呼ばれるものである。この作戦の目的は沖縄制圧後に南九州に上陸して巨大な飛行場を建設し、そこから飛び立つB－29をはじめとした爆撃機によって首都東京にさらなる圧力をかけようとしたもの。

さらにもうひとつの作戦は、「コロネット作戦（関東上陸作戦）」と名付けられ、九州を制圧したあとに九十九里浜や相模湾から関東に上陸し、本丸である首都東京を制圧して無条件降伏を勝ち取ろうとしたものだった。日本本土上陸作戦の輪郭が少しずつ浮かび上がってきた。

上陸作戦を推し進めた男

ダウンフォール作戦の全体像を取材したいと思ったが、私は鹿児島の地域放送局のディレクターであったため、地域に根ざした放送をめざさなければならない。私ひとりで取材できる限界もある中、九州上陸作戦であるオリンピック作戦にしぼって、さらに資料を読み進めることにした。

資料を渉猟する中で、トルーマン大統領やダグラス・マッカーサーといった日本でもお馴染みの人物とともに、キーマンとなる人物がいることに気づいた。

その男の名前は、米陸軍参謀総長ジョージ・マーシャルだ。

マーシャルは、太平洋の覇権をめざす対日戦略で頭角を現し、第二次世界大戦中にフランクリン・ルーズベルト大統領のもとで陸軍参謀総長に任命された。日本を無条件降伏に追い込むため、米軍幹部の中でも強力にオリンピック作戦を推し進め、アメリカを勝利に導いた人物だ。マーシャルのもとで軍備を拡大したアメリカ軍は、約800万人の兵士を有する軍事大国となり、トルーマン大統領は第二次世界大戦の〝勝利の建築家〟とマーシャルを賞賛した。さらに戦後には、国務長官に就き、ヨーロッパ復興計画（マーシャル・プラン）を策定してノーベル平和賞を受賞。今もアメリカの英雄的存在として語り継がれている。

日本殲滅作戦を推し進めた無慈悲さと、ヨーロッパ復興に尽力した善人という2つの顔——。私は、マーシャルの本性を知りたい、そして、九州を破壊し尽くそうとしたオリンピック作戦の全貌を知りたい、という思いにかき立てられていた。

しかし、どの書籍を読んでもなかなかその詳細が分からない。なぜなら、オリンピック作戦に関連する書籍の多くが「日本側」の資料に基づいて書かれており、「アメリカ側」の視点で詳しく書かれた書籍はほとんど見当たらなかったのだ。

オリンピック作戦は、日本側から見てもその本質は見えてこない。なぜアメリカは

米陸軍参謀総長ジョージ・マーシャル（1880 ～ 1959）

ここまで巨大な上陸作戦を行なおうとしたのか。なぜマーシャルは米軍にも大きな犠牲を払う作戦を推し進めようとしたのか。

アメリカ側からの視点で掘り下げていくことによって初めて、オリンピック作戦の核心に迫ることができ、戦争の本質が浮かび上がってくるのではないか、と私は考えていた。

オリンピック作戦の取材へ

しかしそれがいかに困難な取材かということも十分に認識していた。アメリカ側の膨大（ぼうだい）な資料をひもとくには、相当な時間と費用がかかることは、言うまでもなかった。番組提案も簡単には通らず、私自身も地震・豪雨などの自然災害の特番や、鹿児島在住の拉致被害者家族のドキュメンタリーに没頭し、気づけば鹿児島放送局で4年目を迎えていた。

一方で、オリンピック作戦を知りたいという渇望が私の中で消えることはなかった。おそらくこの年が、鹿児島勤務最後の年になるだろうと予想していた私は、腹をくくった。

最後の一年をオリンピック作戦の取材にかけよう、と。

少しずつ読み進めた資料をもとに、改めて番組提案を書き直し、意を決して直属の上司であるプロデューサーのもとに向かった。

その時までに集めていたありったけの情報をプレゼンし、「オリンピック作戦を徹底的に取材させてください」と直訴した。それを黙って聞いていたプロデューサーは、「そこまでやりたいのなら、やってみようか」と、私の覚悟と思いを受け止めてくれた。

こうして番組化に向けて一歩踏み出すことになり、まずは鹿児島ローカル放送の2夜連続のドキュメンタリー番組をめざし、最低限の予算を担保しながら、それを足がかりに全国番組に打って出ようということになった。

もう後戻りはできない。腹をくって前に進むしかない。

オリンピック作戦に迫る、私の取材が始まった。戦後75年を目前に控えた、201 9年秋のことだった。

ちょうどこの頃、日本の安全保障の枠組みは大きく変わろうとしていた。さらに経済問題に端を発した米中の対立も激化し、世界はきな臭い雰囲気に包まれていた。

「こんな時代だからこそ、一度始まると止まることなく拡大し続ける戦争の恐ろしさを伝えなければならないんだ」と自らに言い聞かせ、私は奮(ふる)い立っていた。

しかしこの時はまだ、その後半年以上にわたる取材がいかに過酷なものになるかは、まったく想像できていなかった。戦争から長い歳月が経ち一向に見つからない戦争体験者、それに追い打ちをかけたコロナ禍——。それは、つらく険しい道のりだった。

第１章

ある女性との出会い

空襲のターゲットとなった鹿児島北西部の川内市

空襲で片足を失った女性

オリンピック作戦の真実に迫る取材を始めるにあたり、取材対象として真っ先に私の脳裏をよぎった女性がいた。安野輝子(あんのてるこ)さん(82歳/当時6歳)だ。

前述した米軍カメラマンの取材の折、鹿児島の空襲体験者を探している時に、インターネットの記事で偶然目にした女性だ。鹿児島に赴任してから、私は安野さんのことがずっと気になっていた。

安野さんは鹿児島県北西部の川内市(せんだいし)(現在の薩摩(さつま)川内市)でアメリカ軍の空襲に遭い、左足の膝から下を失っていた。戦後ずっと義足での生活を余儀なくされていたが、80歳を超えた今も民間人の空襲被害者を救済するよう国に訴(うった)える活動を続けており、何度訴えを棄却(ききゃく)されても、決して諦めない不屈の心をもつ女性だった。

鹿児島の空襲でどんな体験をされ、どんな思いで戦後を生きてこられたのか、私はどうしても話がしたくて、安野さんが活動している団体の事務局に電話を入れた。

「いま日本本土上陸作戦の取材を進めていて、安野さんとつないでいただけませんか」

すると翌日、登録されていない携帯電話の番号から電話がかかってきた。

「お問い合わせいただいた安野です」

その声はとても優しく、繊細で、穏（おだ）やかな声だった。それから安野さんは、自らの空襲の体験を淡々と語ってくださった。生々しい空襲の体験に引き込まれるように聞き入ったが、何より印象的だったのは電話口で最後に語られた言葉だった。

「私はもう80歳を超えて、いつまで生きられるか分かりません。でも命が続く限り、私はこの活動を続けていきたいと思っています。お金がほしいわけではない、自分のためでもありません。これからの時代の人たち、孫たちの世代のために、私は訴えたい。私と同じような目には誰にも遭わせたくない」

穏やかな声の中に、命がけの覚悟を感じた。

「戦争体験を思い出しお話しいただくのは、耐えがたい苦しみがあると思いますが、私は安野さんの言葉を遺したい。番組にご協力いただけませんか」と思いの丈（たけ）を伝えた。

そして安野さんもこちらの思いを受け止めてくださり、後日私はカメラマン、音声マンとともに、大阪府堺市にある安野さんの自宅を訪ねることになった。

安野さんとの対面

取材当日、緊張のあまり、私の心臓はずっと高鳴りを続けていた。

自宅を訪ねる直前、安野さんの家の周りをまるで不審者のようにぐるぐる歩き回り、質問する項目を何度も何度も頭の中で巡らせながら、深呼吸を繰り返した。そして意を決し、安野さんの自宅に近づいた時、ひとりの女性と目があった。安野さんが、わざわざ自宅の外の木陰で私たちを待っていてくれたのだ。

「遠くからお越しいただいて、ありがとうござ

6歳の時に空襲の被害に遭った安野輝子さん

います」
穏やかに微笑むその表情を見た時、胸の高鳴りがすっと穏やかになっていくのを感じた。電話で話した声のままの優しそうな女性だった。そのまま自宅に招いてくださった安野さんは、玄関まで杖をつきながらゆっくりと歩いていった。その左足は少しだけ、引きずっているように見えた。

安野さんは3階建てのご自宅で、ひとり暮らしをしていた。2階のリビングに通されると、空襲関連の資料が山のように積まれ、闘いの日々を感じさせられた。お茶を一杯だけいただいたあと、私は早速インタビューを始めた。まず恐る恐る聞いたのは、空襲で失った左足についてだった。

「まずは戦争で失った左足についてお聞きしたいのですが――」

すると安野さんは、義足の左足を見せてくれた。接着面は今も義足でこすれて、激しい痛みをともなうという。

「もうほとんど毎日のように傷つくんです。ちょっと歩いたら皮が破れるんですよ。それで赤身が出てくる。翌日から少なくとも一日は、歩かれへん」

戦争から75年経った今も、安野さんはその爪痕に苦しめられ続けていた。切断面を写した写真は、思わず目を背けてしまうほど痛々しかった。一体なぜ、こうした悲劇が生まれたのか。私が尋ねると、安野さんは当時のことを少しずつ話し始めた。

壊滅した小都市

安野さんが左足を失ったのは、太平洋戦争末期の昭和20（1945）年7月16日、6歳の幼稚園児の時だった。暮らしていたのは、鹿児島県の中心市街地から遠く離れた、北西部の海沿いにある川内市。漁業を生業とする、人口3万人ほどののどかで小さな町だった。

空襲を受けた7月16日、安野さんは自宅で、いとこと遊んでいた。その時突然、ガラス戸がガタガタと揺れ、地震のような激しい衝撃に襲われた。

「何かすごい衝撃。すごい音というか光というのか、そんなので気を失ったみたいですわ。気がついた時は、弟やいとこが、皆が泣いてたのでフッと気がついたんですよ。その時はもう周囲は血の海でしたね。足が千切れているとか、そんなん全然分か

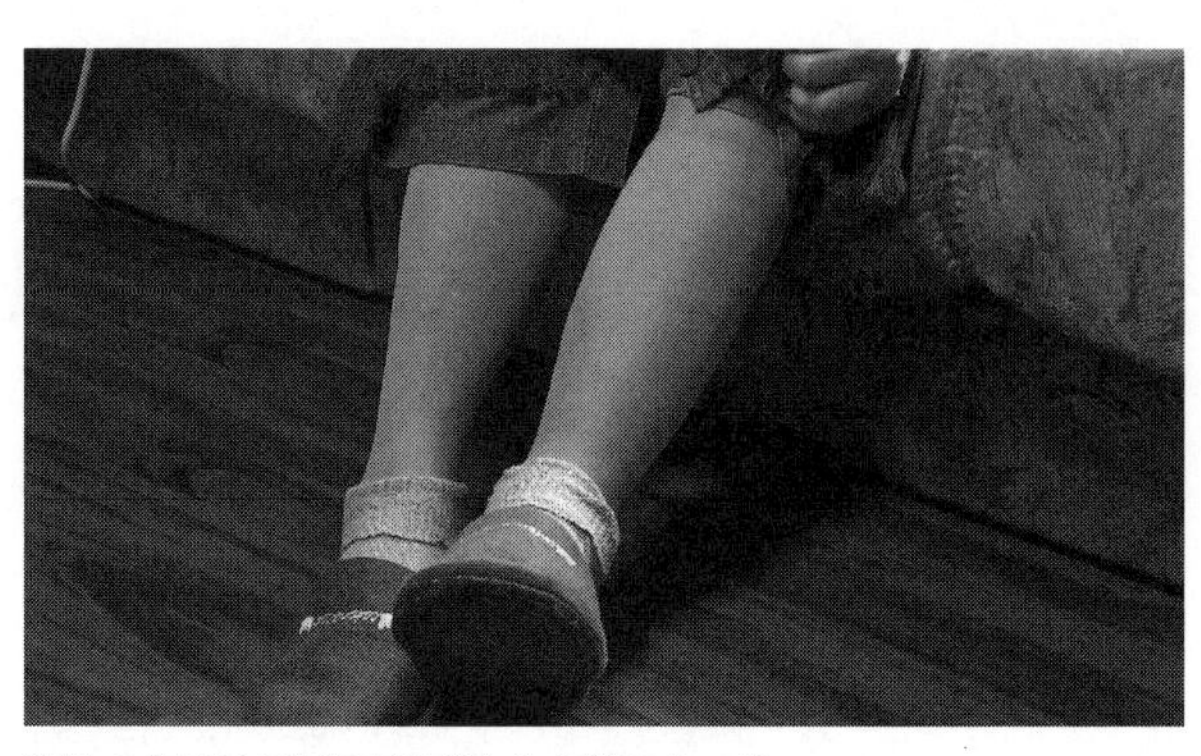

義足の左足は75年を過ぎた今も痛むという

らんかった。とにかく何や？　何や？　と思う感じで」

空襲を受けた直後、部屋の中には、アメリカ軍の爆弾が炸裂するのと同時に飛び散った「鉄の塊」が散乱し、布団の中に無数に突き刺さっていたという。その鉄の塊が安野さんの左足に直撃し、千切れてしまったのだ。

意識を失っていた安野さんは、駆けつけた警防団の男性たちに救出され、戸板に乗せられて近所の病院に担ぎ込まれた。しかし、院内には空襲で傷ついた人たちが、廊下にずらっと並べられていた。十分な薬はなく、足を縫うための糸すらなく、ただ赤チンをつけられ足を包帯でぐるぐる巻きにされ、寝かせられた。脇には、容器に浮かんだ自分の左足が置かれていたという。

わずか2週間ほどで強制退院させられたが、悲劇はそれだけにとどまらなかった。自宅に戻った直後、再びアメリカ軍の空襲に見舞われ、自宅は全焼。その後も片足のまま、アメリカ軍の空襲の中を逃げ惑った。

「住んでいた所はもう焼け野原になった。母が私をおぶって逃げ惑って、道すがら焼けてうずくまってる人も見ましたけどね、助けてあげることはできへんかった。自分らが逃げるので必死やったから。母が私をリアカーに乗せて兄が押して、その時また機銃掃射が来るんですよ。『うわぁ、また来た！』っていう感じで。ほんでもうそこからまた私を抱いて、山道の藪の中に身を隠しました」

8月に入っても川内市は度々空襲に見舞われ、街は90パーセント以上が焼失し、壊滅した。

「戦争いうたら私からすべてのものを奪いました。夢も希望も奪われたなと思いましたわ。戦争。その――本当――、夢も希望も無くなりましたもんね」

その言葉を最後に聞いて、私たちはインタビューを終えた。

なぜ小都市が狙われたのか

その夜私は宿泊先のホテルで、安野さんが受けた川内市の空襲の映像や、焼け野原になった川内市の写真を見つめていた。そして、ある疑問が何度も頭をよぎっていた。

「東京や大阪のような大都市なら分かるが、川内市のような地方の小さな町が、どうしてここまで執拗に狙われたのだろうか」

その背後には、アメリカ軍の上陸作戦「オリンピック作戦」の存在があることは間違いなかった。事実、川内市はオリンピック作戦の上陸地点に予定されていた吹上浜にほど近く、本土防衛のための日本兵が集められていた。

自らが標的となったオリンピック作戦について、「なぜ自分が狙われなければならなかったのか、どうしても知りたい」と安野さんは切実に語っていた。安野さんのためにも、オリンピック作戦の全容を解明したい。私は本格的にアメリカ側の取材に向けて動き出した。

第2章

戦慄の上陸作戦の全貌

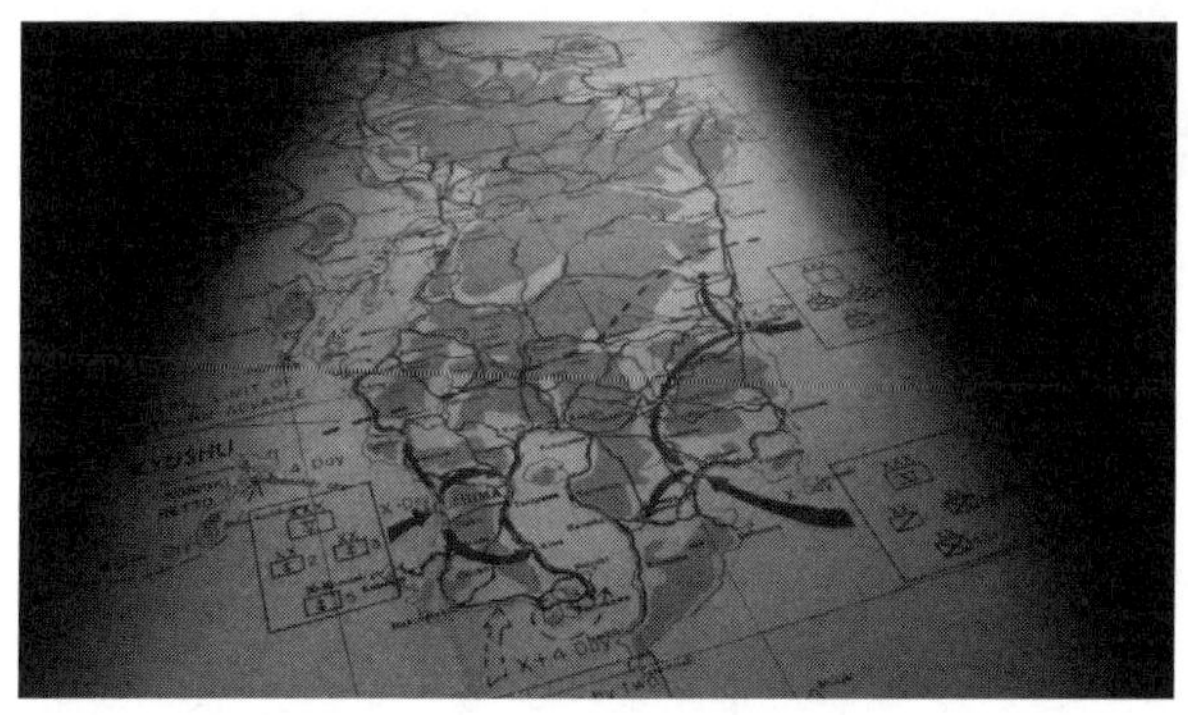

オリンピック作戦での上陸ルートが書かれた地図

アメリカから届いた作戦文書

オリンピック作戦の全貌に迫るには、アメリカ側の文書の発掘が欠かせなかった。私はアメリカ在住の女性リサーチャーに連絡を入れた。これまでＮＨＫで数々の戦争ドキュメンタリー番組のリサーチ・コーディネートを行なってきたベテランの方だ。

依頼から数週間後、アメリカ国立公文書館に保管されていた作戦文書が送られてきた。ダウンフォール作戦の概要が書かれた26ページの基礎資料と、１００ページを超えるオリンピック作戦の文書だ。まず目に飛び込んできたのは文書の作成日だった。

文書の作成日は、「「28 May 1945」（１９４５年5月28日）」と記されていた。まさに日米双方に大きな犠牲をともなった、沖縄での血みどろの地上戦が行なわれている最中に、アメリカ軍の統合参謀本部は、日本本土への上陸を計画していたのだ。

ダウンフォール作戦は大きく二つに分類されていた。「オリンピック作戦」と「コロネット作戦」だ。

オリンピック作戦とは、九州上陸作戦のコードネームである。計画書に記された上陸予定日は昭和20（１９４５）年11月1日で、鹿児島県西部の吹上浜、鹿児島県東部の志布志湾、宮崎県の海岸の3方面から上陸するという上陸作戦だ。上陸後、南九州に巨大な飛行場を建設し、そこを拠点に東京を爆撃することで、日本の無条件降伏に向けてさらなる圧力をかける作戦だった。

一方のコロネット作戦は、関東上陸を企図した作戦だった。作戦決行は昭和21（1946）年3月1日と定められ、千葉県東部の九十九里浜と神奈川県の相模湾から、アメリカ軍を中心に、オーストラリア、カナダ、イギリス、フランスの師団が進軍し、首都東京を制圧して日本を無条件降伏に追い込む作戦だった。

作戦を承認したハリー・S・トルーマン大統領（1884～1972）

一連の計画の中でひときわ目を奪われたのが、兵力規模だった。支援する部隊も含めた総兵力は、オリンピック作戦が「76万6700」、コロネット作戦が「102万6000」という規模であった。

これがいかにとてつもない数字であるかは、沖縄戦と比較すれば一目瞭然だ。沖縄戦で投入された米軍総兵力は54万、それを遥（はる）かに超える巨大な兵力だった。

米国歴史学者との交渉

資料を読み進めていく上で、どうしても助けを借りたい人物がいた。アメリカ在住の歴史学者のリチャード・フランク氏だ。フランク氏は、ベトナム戦争に従軍した経験もある元軍人で、除隊後は弁護士をする傍（かたわ）ら、日米両面の視点から太平洋戦争の研究を続け、アメリカ国立第二次世界大戦博物館の評議会議長もつとめていた。

さらに日本本土上陸作戦に関しても論文を執筆していて、フランク氏の論文は今回の番組を制作する大きなきっかけのひとつとなっていた。私はリサーチャーに「どうしてもフランク氏の力を借りたい、インタビューをリクエストしてほしい」と依頼した。

しかし、私の思いと裏腹に、リサーチャーを通して返ってきたフランク氏の回答は、芳（かんば）しくないものだった。フランク氏は多忙を極めており、取材は難しいという。

それでも、私は諦めることができなかった。ダウンフォール作戦を日米両面から長年研究している歴史学者は、フランク氏をおいて他にいなかった。何より膨大な基礎資料を読み込み、その資料に基づいて一文一文を精緻に書いていく——基礎資料に基づかない漠然とした文章は一切書かない——フランク氏の姿勢に、私は感銘を受けていた。そしてアメリカ側にも日本側にも寄って立たない、両者を冷静に見つめながら戦争の本質を見抜いていくその力に惚れ込んでいた。

　リサーチャーにメールを送った。

「フランク氏に手紙を書きました、せめてこの文章だけでも読んでほしい、これでダメなら諦めます」

　手紙には今回の番組に懸ける思いや、番組を成就させるためにはフランク氏の協力が不可欠であることを書き記し、祈るような思いで返事を待った。

　数週間後、リサーチャーから連絡があった。

「フランクさん、協力してくださるそうですよ。思いが届きましたね」

　私はパソコンの前で「よし！」と、思わず声をあげてしまった。

浮かび上がる作戦の全貌

フランク氏からの回答を得て、私は再びリサーチャーとともに、作戦文書を読み進めた。するとオリンピック作戦の全貌が、少しずつ浮かび上がってきた。

作戦の目的は、日本本土最南端（南九州）の兵力を撃滅して南九州を完全に孤立させること。そのエリアに飛行場などの巨大な陸海軍基地を建設し、本州へ侵攻することだった。日本に対し不断のプレッシャーをかけ、日本の戦闘意欲を消滅させると記（しる）されていた。

作戦決行は、１９４５年11月１日。フィリピンに駐屯する兵士53万５４００人、沖縄に駐屯する兵士７万３４００人、マリアナに駐屯する兵士２万７１００人、ハワイに駐屯する兵士９万２０００、アメリカ本国に駐屯する兵士１万６５００人、航空部隊２万２３００人、総勢76万６７００人の兵士を作戦に投入し、鹿児島県の川内から宮崎県の都農（つの）を結ぶラインまで北上し、南九州一帯を制圧する計画だった。

そして、１３１８隻の上陸船・貨物船・輸送船、32の空母が南九州一帯の海上を覆い尽くし、13万４３００台の車両が上陸を果たすという人類史上空前の規模の作戦と

図　オリンピック作戦の組織

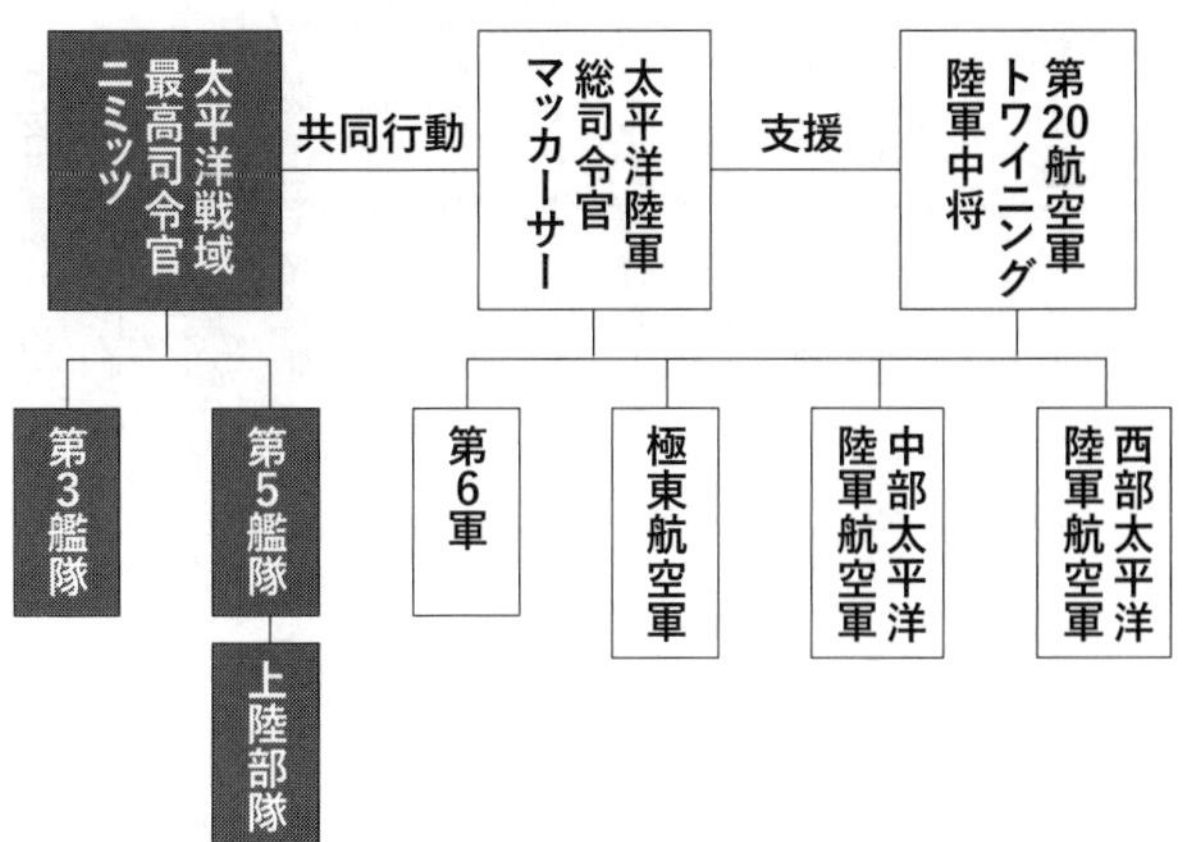

マッカーサーが統合参謀本部に提出したオリンピック作戦の戦力
出典：トーマス・アレン『日本殲滅』を基に作成

なっていた。

作戦に投入される第6軍は、フィリピンのルソン島で日本軍との激闘を制したウォルター・クルーガー大将が率いる部隊だった。血みどろの太平洋戦線を戦い抜いた精鋭部隊を送り込もうとしていたのだ。

さらにアメリカ軍は、九州における日本軍の戦力も徹底的に分析していた。九州の防衛をどう固めているか、どれくらいの兵力をどう配置しているか、どこに対空砲や機雷を配備しているか、どんな反撃を受けるリスクがあるか。偵察機や通信傍受で得た緻密な情報を分析することで、対策を練り上げていたのだ。

一連の作戦の最高責任者は、4月に大統領に就任したハリー・S・トルーマンで、その右腕として作戦を推進するのが、陸軍参謀総長のジョージ・マーシャルだった。現場を指揮するのは、太平洋陸軍総司令官となったダグラス・マッカーサーと、太平洋戦域最高司令官のチェスター・ニミッツと決定された。

約4年にわたる日米の戦争に終止符を打つべく進められていた、アメリカ軍史上最大規模の上陸作戦となるオリンピック作戦。その規模はノルマンディー上陸作戦をもはるかに超えると、念願のインタビューでフランク氏は教えてくれた。

「オリンピック作戦は、史上最大の強襲揚陸（きょうしゅうようりく）作戦になるはずでした。ノルマンディー上陸作戦をもはるかに超越して、見劣りさせるほどの作戦になっていたことでしょう。

比較すると、ノルマンディー上陸作戦では、初日に兵力およそ15万6000の部隊を上陸させましたが、オリンピック作戦では、兵力およそ38万の部隊が投入されるは

図　オリンピック作戦の上陸地点

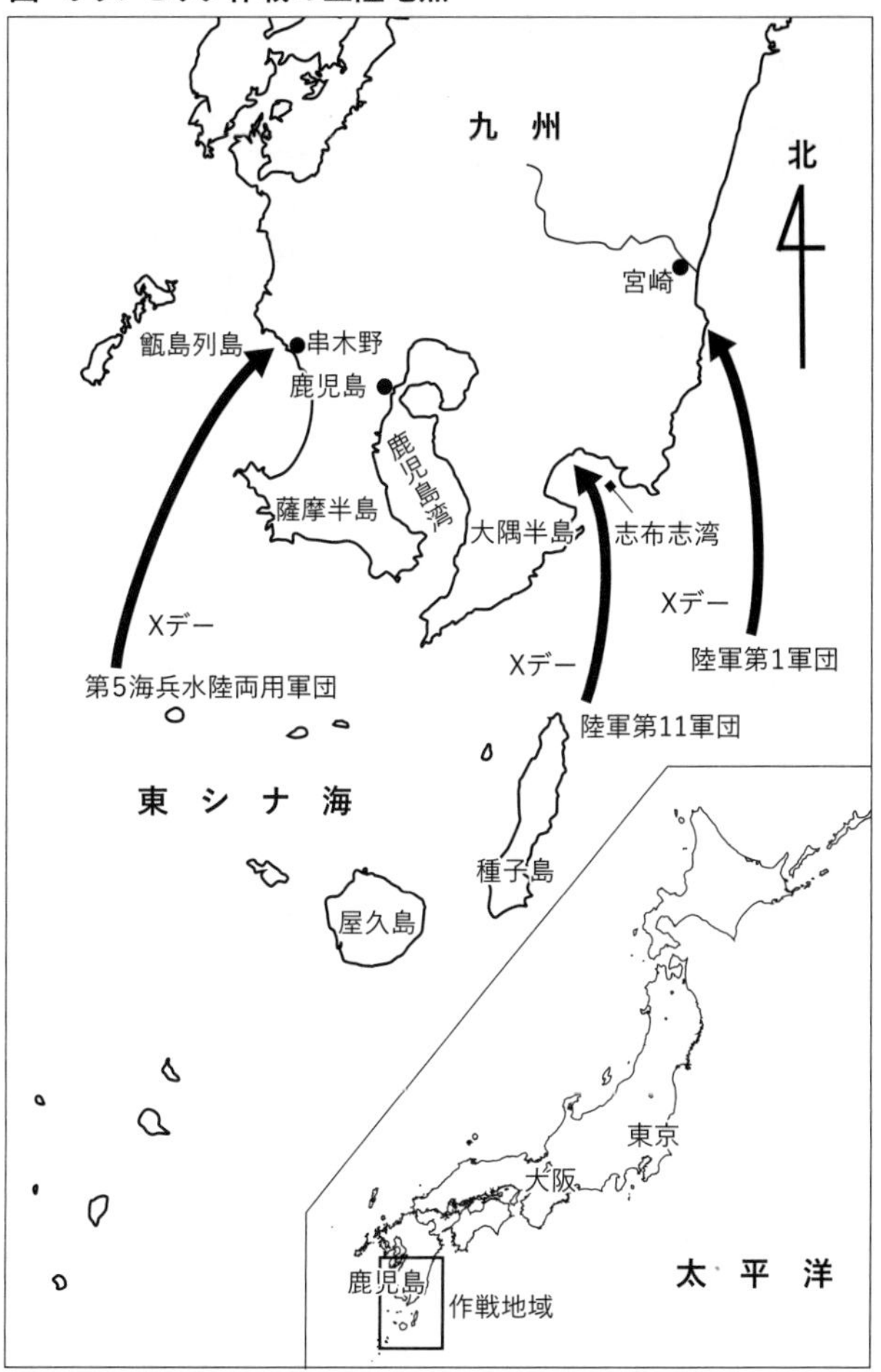

Xデーとなる1945年11月1日、3カ所からの上陸が予定されていた
出典：トーマス・アレン『日本殲滅』を基に作成

ずでした。それらの陸上要員の数と海上要員の数の両方を総合すると、おそらく、オリンピック作戦には１００万をはるかに超えるほどの数の兵士が動員されることになっていたでしょう。

オリンピック作戦を実行に移すということは、ノルマンディー上陸作戦と比較しても、桁違い(けたちが)いに規模の大きなことだったのです」

徹底抗戦を貫こうとした日本軍

しかし一体なぜアメリカ軍は、これほどまでに巨大な兵力を投入しようとしたのか？　その疑問が私の中でずっとぬぐえなかったが、取材を進めるうちにその原因が「日本側」にあったことが、明らかになってきた。

太平洋戦争中盤の昭和18（１９４３）年９月30日、日本軍は戦局が厳しさを増す中、死守すべき防衛ライン＝「絶対国防圏」を設定した。絶対国防圏はアメリカ軍の大型爆撃機Ｂ－29が往復できる航続距離を基準に設定されたとされ、もし絶対国防圏をアメリカ軍に突破されるようなことがあれば、日本はＢ－29による激しい空襲にさらされ、敗色は濃厚になるだろうと考えられていた。

こうした日本軍の不安は、すぐに現実となる。昭和19（1944）年6月、日本軍はマリアナ沖海戦で敗北すると、絶対国防圏の一角だったグアム、サイパン、テニアンが次々と陥落し、日本の防衛ラインは崩壊した。

アメリカ軍は、占領した島々に飛行場を建設し、そこを拠点に日本本土にB－29をはじめとする大型爆撃機を送り込んだ。そして、日本の都市を次々と焼き払っていったのだ。

絶対国防圏を破られた時点で、日本の敗色は濃厚となった。ここで戦争を終結させていれば、多くの日本人の命が救われただろう。しかし、日本軍の最高統帥機関である大本営は「徹底抗戦」の構えを崩そうとしなかった。

昭和20（1945）年4月、沖縄での地上戦が行なわれている最中、日本軍は「決号作戦準備要綱」を示達。本土決戦に向けた準備を本格化させていった。

また、日本としては決号作戦により敵に甚大な被害を与えることで、少しでも有利な講和条件を引き出そうとする狙いもあった。

本来兵役の対象ではない女性や子供までもが動員され、「一億玉砕」でアメリカ軍との本土決戦に突き進んでいったのだ。

ＮＨＫに保管されているフィルムには、アメリカ兵に見立てたかかしに向かって、竹槍を片手に「えいや〜」と叫びながら突っ込む子供・女学生の姿が記録されている。教師と思われる男性が「お前たち、しっかりやれよ！」と活を入れると、日の丸の鉢巻きをした小学生くらいの男児が「米兵を必ずやっつけます！」と威勢よく答えていた。

この映像を見ながら、私はやるせない気持ちでいっぱいになった。

こんな小さな子供たちが、何の疑いもなく、戦争に突っ込んでいく。そして幼い命を散らしていく——。一度始まると国民が一体となって突き進んでいき、誰もそれを止められなくなるのが戦争なのだ。

本土上陸作戦「決断」の時

アメリカ軍の中でも、海軍からは、自軍の大きな犠牲をともなう侵攻作戦ではな

米軍の上陸に備え、女性たちも竹槍訓練に勤しんだ

く、海上封鎖と空爆によって日本の降伏を引き出す作戦も検討されていた。しかし、どんなに追い詰めても、決して戦いを止めようとしない日本の姿が、アメリカ軍にダウンフォール作戦を決断させるに至る。

フランク氏はインタビューで次のように述べていた。

「日本は降伏せず、恐るべき手段で抵抗を続けると考えられた。アメリカ軍はさらに激しい攻撃で圧力をかけなければならなかった。もはや日本本土に上陸する以外に、終戦に至る道はなかったのだ」

実際に、ダウンフォール作戦文書の冒頭にも、次のように記されていた。

取材で戦争の本質を語ったリチャード・フランク氏

太平洋地域の米国陸海軍は、日本本土上陸作戦を行なう。日本は戦闘能力および戦闘意思が続く限り、日本本土を防衛するため、あらゆる手段を用いて、戦争を継続しようとするだろう。本土防衛の戦闘には、日本軍兵士のみならず、狂信的で敵意に満ちた一般市民も参加するであろう。

どこまで追い込んでも決して戦いを止めようとしない日本の姿勢が「アメリカの日本に対する恐怖心」を膨れあがらせ、本土上陸を決断させるに至ったことが見えてきた。

そして、沖縄戦が最終局面を迎えていた「6月18日」。アメリカのホワイトハウスで、ダウンフォール作戦をめぐる重要な会議が開かれた。トルーマン大統領のもと、作戦を推進していた陸軍参謀総長マーシャルなど、陸海軍の最高幹部たちが集まり、「日本本土上陸作戦を行なうべきか否か」の最終結論を出そうとしていた。

この席で、マーシャルはトルーマン大統領に対し、こう進言した。

「計画通り、11月の九州上陸作戦を行なうべきであります。この時期を逃すと、そのあと数カ月は気象条件が悪く、日本との戦争終結は大幅に遅れます」

それに対し、トルーマン大統領が最も危惧していたのが「アメリカ軍兵士の死傷者数」だった。日本との3年以上におよぶ戦いで、アメリカ軍兵士の死傷者数は増加の一途をたどり、約15万人に達しようとしていた。もしダウンフォール作戦が決行されれば、アメリカ軍にさらなる膨大な死傷者が出る。

オリンピック作戦による死傷者については、様々なセオリーに基づいて予測が行なわれた。レイテ、ルソン、硫黄島、沖縄などの戦いにおける米軍兵士の死傷率のデータを示しながら、トルーマン大統領に提示されたのは約13万という数字だった。実際にはより多くの死傷者が出る予測もあったが、数字を低く見積もってでも、マーシャルは断固として、ダウンフォール作戦を推進しようとしていた。

会議の席でマーシャルは、「戦争で多くの血が流されることは極めて冷酷な事実ですが、九州上陸作戦は戦争を終結させる唯一の作戦」と熱弁し、トルーマン大統領を説得し続けた。

大統領が上陸作戦を認めるか否かの瀬戸際の会議。ついにマーシャルはトルーマンを説き伏せ、オリンピック作戦が正式に承認された。この時、大統領は次のように述べたとされている。

「日本本土上陸作戦で、沖縄の悲劇が繰り返されないことを願う」

かくしてアメリカ軍は、九州上陸に向け、恐るべき作戦を本格化させていくことになった。

第3章

焦土と化した南九州

南九州の輸送網の結節点として狙われた鹿児島駅（写真は戦前）

オリンピック作戦前の地ならし

オリンピック作戦がトルーマン大統領によって正式に承認された直後の6月23日、日米あわせて20万人以上の犠牲者を出した沖縄での組織的な戦闘が終結した。沖縄を制圧したアメリカ軍はいよいよ九州上陸に向けて、本格的に動き出すことになった。

オリンピック作戦の事前準備として、アメリカ軍が総力をあげて行なったのが「九州への空襲」だった。出撃拠点は、制圧したばかりの沖縄。読谷（よみたん）、嘉手納（かでな）、牧港（まきみなと）、伊江島などに急ピッチで飛行場を整備し、約20もの滑走路を作った。こうした飛行場から九州に向けて爆撃機を飛ばし、九州を徹底的に破壊しようとした。これはまさにオリンピック作戦前の〝地ならし〟に他ならなかった。

九州に向けて出撃したのは、大量の爆弾を投下し目標とするエリアを一気に焼き払う爆撃機に加え、機銃掃射などでピンポイントに目標物を破壊する戦闘機も配備された。爆撃機で街を大規模に焼き払いながら、戦闘機でさらなる攻撃を加える「二重の攻撃」によって、九州を破壊し尽くそうとしていたのだ。

在野の研究者

オリンピック作戦前の地ならしともいえる九州での空襲が、いかにすさまじいものだったか。それを解き明かすために、私は何としても空襲の全体像を知りたいと思った。しかし、それは容易なことではなかった。

アメリカ軍の航空部隊は、「いつ、どこで、どの部隊が、どのような攻撃を行ない、どの施設を破壊したか」を記録した「戦闘報告書」と呼ばれる文書を残している。しかし、それは膨大な数にのぼるため、一つひとつアメリカから取り寄せて、数カ月で分析することは、不可能に近かった。

何とかこの状況を打開しようと取材を続ける中、私はある人物にたどり着いた。在野の研究者として、長年アメリカ軍の空襲を研究し続けてきた工藤洋三（くどうようぞう）さんだ。

工藤さんは、山口県で高等専門学校の教師として教鞭（きょうべん）をとる傍ら、アメリカの国立公文書館に足しげく通い、戦闘報告書を入手し、独自に分析を続けていた。「工藤さんであれば、オリンピック作戦に関する空襲に迫るヒントをくださるかもしれない」と私は電話をかけた。

「オリンピック作戦について取材を続けていて、作戦に関する空襲の全体像を知りたいんです。どんな手がかりでもいいので教えていただけませんか」

私からの急な申し出に対し、工藤さんの答えはまさに幸運そのものだった。

「じつは今、これまで集めたアメリカ軍の文書のデータを集計していて、その作業がようやく終わりを迎えようとしています。このデータを使えば、オリンピック作戦に関する空襲の全体像も見えてくると思いますよ」

こんな偶然があるのか――。聞いたところによると、工藤さんは数年前に大病を患（わずら）い、それを機にこれまで集めてきたアメリカ軍の空襲

アメリカ軍による空襲を分析する工藤洋三さん

の資料を整理しながら、すべての空襲データを洗い出して集計を行なっているという。

「私の身にもし何かがあった時、これまで集めてきた資料を、後世の人たちに活かしてもらえるようにと、準備を進めていました。まとめたデータは、誰でも見られるように、公開しようと思っています。戦争の歴史をきちんと後世につないでいくことが、私たちの世代の責務ですから」

私は、心から頭が下がる思いだった。自費でこつこつと集めてこられた資料のすべてをおしげもなく提供しようとする姿勢と、戦争の歴史を次の世代につないでいこうとする確固たる決意を感じた。こういう方がいるからこそ、戦争の歴史は受け継いでいかれるのだと、背筋が伸びる思いだった。

狙われたKAGOSHIMA

その後、工藤さんとの話し合いで次のようなことが決まった。

①オリンピック作戦前の地ならしの空襲を行なったのは、沖縄に配備された米陸軍の極東航空軍なので、分析する部隊は極東航空軍に絞る。
②オリンピック作戦に向けて空襲が本格化するのは、沖縄が制圧された6月23日以降なので、分析期間は6月23日（沖縄制圧）～8月15日（終戦）にする。

以上の条件のもと、極東航空軍が6月23日以降に、沖縄から九州に向けて、「どれだけの爆弾を」「どこに投下したのか」をデータにまとめる分析が始まった。

それから数カ月後、私は工藤さんの分析結果をインタビューに収めるため、工藤さんの自宅がある山口県周南(しゅうなん)市へ向かった。のどかな田園風景を見下ろすことができる高台の自宅に到着すると、工藤さんは「遠くまでご苦労さまです」と迎え入れてくれた。穏やかな表情と白い髭が印象的な男性だった。

書斎に通されたあと、私は早速分析結果を見せていただいたのだが、九州各地域の空襲を比較したそのデータは驚くべきものだった。福岡などの大都市よりも、鹿児島への爆弾投下量が、突出して多かったのだ。明らかに上陸を意図した空襲が鹿児島で

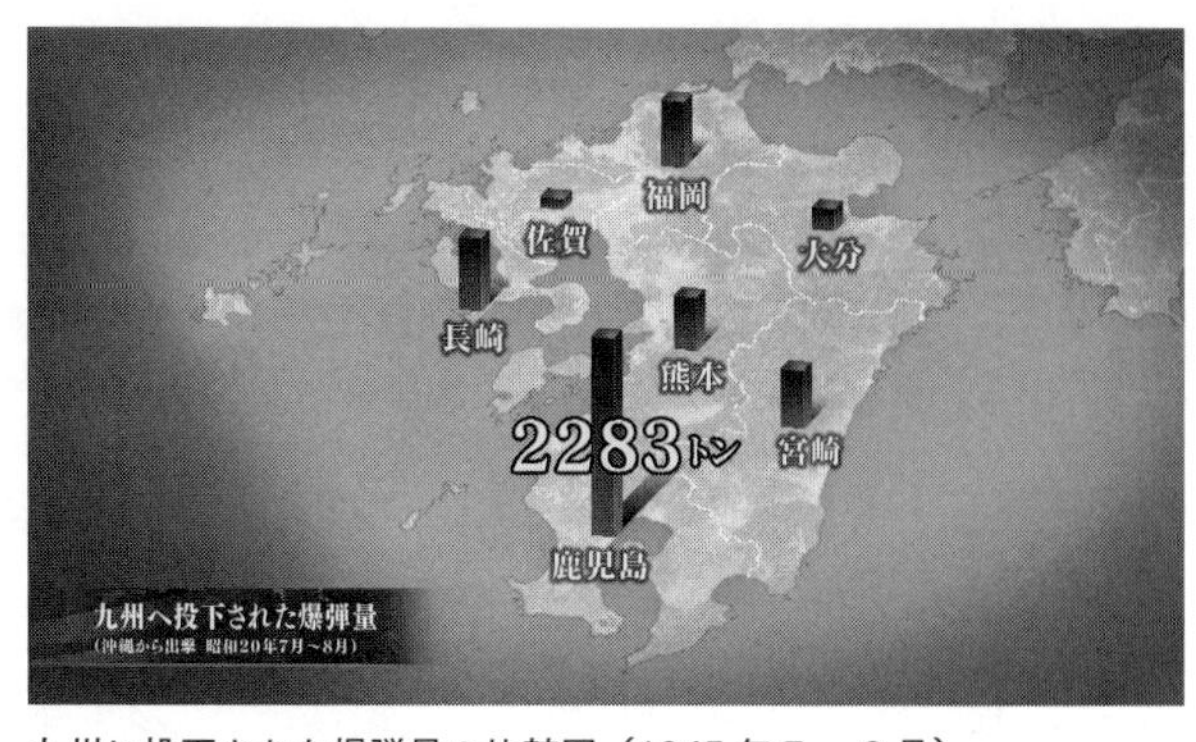

九州に投下された爆弾量の比較図（1945年7～8月）

行なわれていた。

①鹿児島（2283トン）
②長崎（835トン）
③福岡（755トン）
④宮崎（660トン）
⑤熊本（602トン）
⑥大分（259トン）
⑦佐賀（116トン）

さらにもうひとつ、工藤さんは驚くべき分析結果を見せてくれた。爆弾が投下された地点を地図上に落とし込んだデータだ。

鹿児島県は、中心都市の鹿児島市から、沿岸の小さな農村・漁村、さらに離島に至るまで、しらみつぶしに攻撃を受けていた。まるでシロアリに食い尽くされるかのように、県全域に空襲を受けていたのが一目瞭然だった。

この結果を受けて、私は改めて工藤さんに尋ねた。

「上陸予定地とはいえ、なぜ鹿児島は、ここまで狙われなければならなかったのでしょうか？」

すると工藤さんは、次のように答えてくれた。

「九州の中でも鹿児島は2283トンと、爆弾量が突出している。ここから沖縄の航空部隊の意図を読み取ることができます。

沖縄の極東航空軍は、上陸の前に南九州を攻撃して、制圧しておく役割を持った部隊です。いざ上陸を準備する部隊になると、徹底して破壊するのが課題になります。小さい都市と小さい目標をも攻撃していき、その結果、鹿児島県内の攻撃されたエリアが、ここまで広く分布したのだと思います。

アメリカ軍が九州に上陸する際、日本軍の激しい抵抗が予想される鹿児島の軍事目標を、ひとつずつしらみつぶしに叩いていったんです」

工藤さんによれば鹿児島には、アメリカ軍が反撃を受けそうな数多くの日本軍の軍事施設があったという。そのひとつが鹿屋や知覧などの航空特攻基地や、震洋・回天などの特攻兵器の基地。さらに数多くの軍需工場があったことも、鹿児島が狙われる要因となった。

この時私の頭をふとよぎったのは、今回の取材の原点となった4年前の米軍カメラマンの取材のことだった。あの時見せてもらった、市街地の90パーセント以上が焼失し、廃墟と化した鹿児島市の写真。なぜここまで破壊し尽くされたのかという疑問が、私の中にずっと残り続けていた。

しかし、今回のアメリカ軍の資料をベースにした分析で、私が長年抱き続けてきた疑問はすっと解けた。

南九州を「孤立化」せよ

「さらにもうひとつ、アメリカ軍が鹿児島を狙った大きな理由がありました」と、工藤さんはアメリカ軍が攻撃した地点を赤いペンでなぞり始めた。

するとと、九州を南北に貫く鉄道網「鹿児島本線」と「日豊本線」が浮かび上がってきた。アメリカ軍は九州の鉄道網に沿って空襲を行なっていたのだ。

「アメリカ軍は、南九州の制圧を念頭において『鉄道網を分断し、南九州を孤立させる』という大きな目的を持っていたんです」

当時、鹿児島本線と日豊本線は、日本軍の兵士や物資を輸送するための、大動脈だった。その鉄道網を空襲によって破壊すれば、日本軍は兵士・物資を送れなくなり、南九州は完全に孤立する。アメリカ軍は南九州を孤立させて、反撃できない状況に追い込んだ上で、上陸を果たそうとしていたと工藤さんは分析していた。

「南九州が戦場になった時に、日本軍は南九州に兵士・物資を送らなければいけない。それは戦争をする上で非常に重要なことで、兵士・物資の輸送路を断ち切る、そして南九州を孤立させると。そこにアメリカ軍の目的があったんだと思います」

さらに工藤さんは、興味深いことを教えてくれた。

「アメリカ軍が南九州の孤立をめざす上で、ターゲットにしていた場所がある」と言い、パソコンにおさめられていた資料を見せてくれた。

それは、オリンピック作戦に向けて九州を攻撃した極東航空軍の戦闘記録だった。そこには当時、鹿児島本線と日豊本線の結節点（終着駅）である鹿児島駅を狙っていたと記されていた。

「一番大きな目標として『鹿児島駅』と書いてあるんです。鹿児島駅はいろんな鉄道の結節点になっていました。それだけでなく、九州最大の列車の修理工場もあった。修理工場を破壊すれば列車が動かせなくなるから、極めて重要な目標だったんです。極東航空軍が攻撃した輸送網の中で、鹿児島駅はとくに激しく攻撃した場所だと、書かれていました」

鹿児島駅――。この場所がアメリカ軍の苛烈な空襲にさらされた事実は把握していたが、これほどまでに重要な場所だったとは。私は鹿児島駅の空襲について、本格的に取材を進めることにした。

戦後75年の壁

アメリカ軍が狙いを定めた鹿児島駅は、私が勤務していたＮＨＫ鹿児島放送局のすぐそばにあった。駅舎は新しく建て替えられたばかりで戦時中の面影はほとんどなかったが、駅の構内にひとつだけその痕跡が残されていた。鹿児島駅の空襲で殉職した駅員のために建てられた慰霊碑だ。

> 第二次世界大戦の末期　昭和二十年七月二十七日十二時四十五分、
> 敵機の大空襲によって鹿児島駅は壊滅した。
> このとき職場を護り　尊い犠牲となられた十二名の霊を慰めるため
> 三十三回忌にあたって　関係者一同相計り　被爆の地にこれを建立する

鹿児島駅の空襲では、こうした駅の職員を含めて４２０人もの命が失われていた。
鹿児島駅空襲の真実に迫るためには、現場を目撃した人を探さなければならない。
私は鹿児島県をはじめとする全国の図書館に保管されている、鹿児島駅空襲関連の書籍・証言集を片っ端から集めた。加えて、これまでに書かれた鹿児島駅空襲の新聞記事・雑誌記事を収集し、インターネットに書かれている記事も読み込んだ。

それらに書かれている体験者の方々の名前を一つひとつリストアップし、証言集を発刊した出版社や、記事を書いた新聞社、さらに住所・電話番号が特定できた体験者に次々と電話をかけていった。

しかし、体験者を取材するのは容易でなかった。電話をいくらかけても返ってくるのは「すでに亡くなっています」という言葉ばかりであった。それもそのはずで、戦時中の記憶がかすかに残っているのが5歳以上だと仮定すると、終戦から75年が経過した時点で80歳を超えている。空襲体験者の多くが亡くなられていても、不思議ではなかった。

それに加えて、全国的な新型コロナウイルスの感染拡大が追い打ちをかけた。かろうじて見つけ出すことができた体験者の方々も、その多くが特別養護老人ホームなどの施設に入所されていて、施設側の面会許可が下りない。ご家族が感染を心配されて、許可をいただけないケースもあった。

それでも、私は諦めたくはなかった。あの空襲で亡くなられた方々のため、そして、安野さんのように今も苦しんでおられる方々のため、何とかオリンピック作戦の真実に迫りたいという、強い使命感に駆られていた。

鹿児島駅で妹を失った男性

そして、空襲体験者を探し始めて2カ月近くが経った頃、ひとりの男性に出会うことができた。

鹿児島市内に住む中山秀雄（なかやまひでお）さん（91歳／当時15歳）。鹿児島駅の空襲で妹を亡くしたことが十数年前の新聞記事に掲載され、その記事がきっかけで連絡をとることができた男性だった。

初めてお会いしたのは、中山さんのご自宅近くの喫茶店。物静かで口数の少ない方だったが、空襲で亡くなった妹・京子（きょうこ）さん（当時13歳）のことを話す時は、情感を込めて話してくださった。

「京子はきょうだいの中でも、一番しっかりしていたからね。『兄さんは男じゃった

空襲で13歳の妹を失った中山秀雄さん

って、気張らないかんど！（兄さんは男なんだから、頑張らなければいけないよ！）』と、妹にいつも尻を叩かれよったんですよ。その言葉が、ずっと心に残っておってですね——」

京子さんの話をひとしきり終えると、中山さんはポシェットの中から、あるものを取り出して見せてくれた。それは笑顔が愛らしい、おかっぱ頭の京子さんの写真だった。

「戦前自宅の庭で、親父が撮ってくれた写真です。戦争で焼け残っていたのを探し出して現像したのが、これなんです。これがなければ、京子の写真は何もなかったはずです」

京子さんの形見の写真を戦後75年経った今も、中山さんはポシェットの中に大切にしまって、毎日肌身離さず持ち歩いていた。その姿を見て、私は家族に対する愛情の深さや、その家族を奪った戦争の罪深さをかみしめていた。後日、鹿児島駅で空襲体験を聞かせてもらう約束を交わして、その日は中山さんと別れた。

妹が亡くなった現場へ

２週間後、私は中山さんと再会し、そのまま空襲の現場となった鹿児島駅へ車で一緒に向かった。鹿児島駅が近づくにつれて、車中は静まりかえり、緊張感が高まっていくのを感じた。そして、妹・京子さんが亡くなったその場所に降り立ち、インタビューを開始した。

京子さんが空襲の犠牲となったのは、昭和20（１９４５）年7月27日正午頃だった。当時旧制中学校に通っていた中山さんは、鹿児島市内の丘の上から、鹿児島駅の空襲を目撃していた。その時は、まさか京子さんが鹿児島駅で被弾しているとは、夢にも思っていなかったという。

左は当時15歳の中山さん。隣が2歳下の妹京子さん

「アメリカ軍が山のほうから爆弾を落としながら、ドカンドカン！　つってですね。海のほうに落ちた爆弾が、バカーンっていって、真っ直ぐ水柱が立つんですね。その時に、妹が鹿児島駅にいたっていうのは知りませんでした」

ちょうどその頃、京子さんは母親とともに、鹿児島県内の疎開先に戻るため、鹿児島駅で列車を待っていた。列車の到着時間と重なり、駅の構内は人でごったがえしていた。

その時、突然空襲警報が鳴り響き、上空に46機の米軍機が現れた。上空から次々と爆弾が降り注ぐ。京子さんは身を守ろうととっさに駅の構内に駆け込もうとした。

「爆弾がガタガタガタって落ちたもんだから、

妹は走って、駅舎の中に走って逃げたの。ウチの母は『そっちへ行ったらいかん！』って言ったけど、妹は爆弾で飛ばされて。母は、京子が駅舎の中に走って逃げるのを見ながら、自分自身も爆風でふき飛ばされて、そのまま気絶したそうです。気がついた時は防空壕の中で、鼓膜（こまく）をやられてしまってシーンって音が何もしなかったって。防空壕から出た時には、駅舎は跡形もなくなっていたそうです」

空襲のあと、丘を下って鹿児島駅に向かった中山さんは、偶然にも母親と遭遇できたという。爆風で母親の衣服はボロボロになり、変わり果てた姿になっていた。

「『京子ちゃんがおらんぞー！』って遠くで叫んでいる人がいたんです。その時初めてそれが母だと気づきました。衣服があまりにボロボロだから、遠くからでは誰だか分からなかった」

オリンピック作戦の犠牲になった少女

その後、京子さんを探すために中山さんは鹿児島駅に向かった。そこで恐るべき光景を目の当たりにすることになった。駅舎は跡形もなく破壊され、周辺には無数の遺体が散乱していた。遺体のほとんどが爆風による強烈な衝撃で、原形をとどめていなかったという。

「遺体は、駅舎の瓦の下敷きになっている感じで、それをどけながら探しました、足だけとか頭だけとか、手も足もあっちこっちにあったりして。バラバラになってるんじゃないですかね、爆弾が落ちて。ほいで探しようがなくて——」

中山さんは駅の周辺や遺体安置所を必死に回り、妹・京子さんを探し続けた。しかしどの遺体もバラバラで原形をとどめておらず、京子さんかどうかの見分けがつかなかった。そこで京子さんがいつも持っていた「トタンの弁当箱」で本人確認をしようと、遺体を一つひとつめくりながら捜索を続けたが、三日三晩探しても京子さんの遺体は見つからなかった。

「もう『悲しい』って泣くような感じじゃなくて、あんまりに死んだ人が多いもんだから、ピンと来ないちゅうような感じだったんですね」

ずっと淡々と語り続けていた中山さんだが、この時だけは押し黙ってしまった。その沈黙が、私にはとてつもなく長く感じられた。駅の金網を握りしめながら、駅舎を見つめ続ける中山さんの寂しげな後ろ姿が、目に焼きついて離れなかった。

中山さんを自宅に送り届け、再び鹿児島駅に戻ると、あたりはすっかり夕暮れになり、駅舎が赤く染まっていた。インタビューを思い返しながら、私は駅舎の脇をゆっくりと歩いていた。すると黄色くて可愛らしい一輪の花が咲いているのを見つけた。

その花が、まるで京子さんのように見えて、「この花を撮っておいてほしい」とカメラマンに伝えた。

すべての撮影を終え、私は改めて京子さんへの慰霊の思いを込めて、駅舎に向かって手を合わせた。京子さんはどんな気持ちで亡くなったのだろうか、13歳という幼い命。さぞ無念だっただろう――。そう思うと胸が締めつけられる思いがした。カンカンカンと、踏切の音がいつまでももの悲しく鳴り響いていた。

バラバラの遺体の違和感

撮影を終えたあとも、私はずっと気になっていたことがあった。それは、中山さんが話してくださった「遺体がバラバラだった」という証言だ。

東京大空襲など、アメリカ軍が日本に対する空襲で主に投下していたのは「焼夷弾」である。発火性の薬剤が装塡された爆弾で、木造の多い日本の建築物を焼き払うために使用されていた。もし鹿児島駅に投下された爆弾が焼夷弾であれば、その遺体は黒焦げになっているはずだ。しかし中山さんの証言によれば、遺体は黒焦げではなく、〝バラバラ〟になっていたという。

それが何を意味しているのか。私はどうしても気になり、アメリカ軍の戦闘報告書を読み込んでいった。すると、恐るべき事実が明らかになった。

鹿児島駅に投下された爆弾はやはり焼夷弾ではなく、「1000ポンド高性能爆弾」と呼ばれる爆弾だったのだ。この爆弾は、着弾と同時にすさまじい衝撃波を発生させ目標物を跡形もなく破壊する凶悪な兵器だった。

アメリカ軍は、鹿児島駅の修理工場を木っ端みじんに破壊するために、この1000ポンド高性能爆弾を実に274発も投下していた。その爆弾が京子さんを含む一般市民の至近距離で炸裂し、多くの人々が衝撃波にさらされ、バラバラになってしまったのだった。

アメリカ軍の戦闘報告書には、「鹿児島駅の修理工場を完全に破壊した」と、淡々と記されていた。オリンピック作戦を成功させるためには、どんな手段をも辞さないアメリカ軍の無差別攻撃。京子さんもまた、この上陸作戦の標的になったひとりだったのだ。

しかし、こうした空襲はアメリカ軍が計画していた壮大な作戦の「序章」に過ぎなかった。その後取材を進めていく中で、私はアメリカ軍が計画していた衝撃的な計画の数々に、遭遇することになるのである。

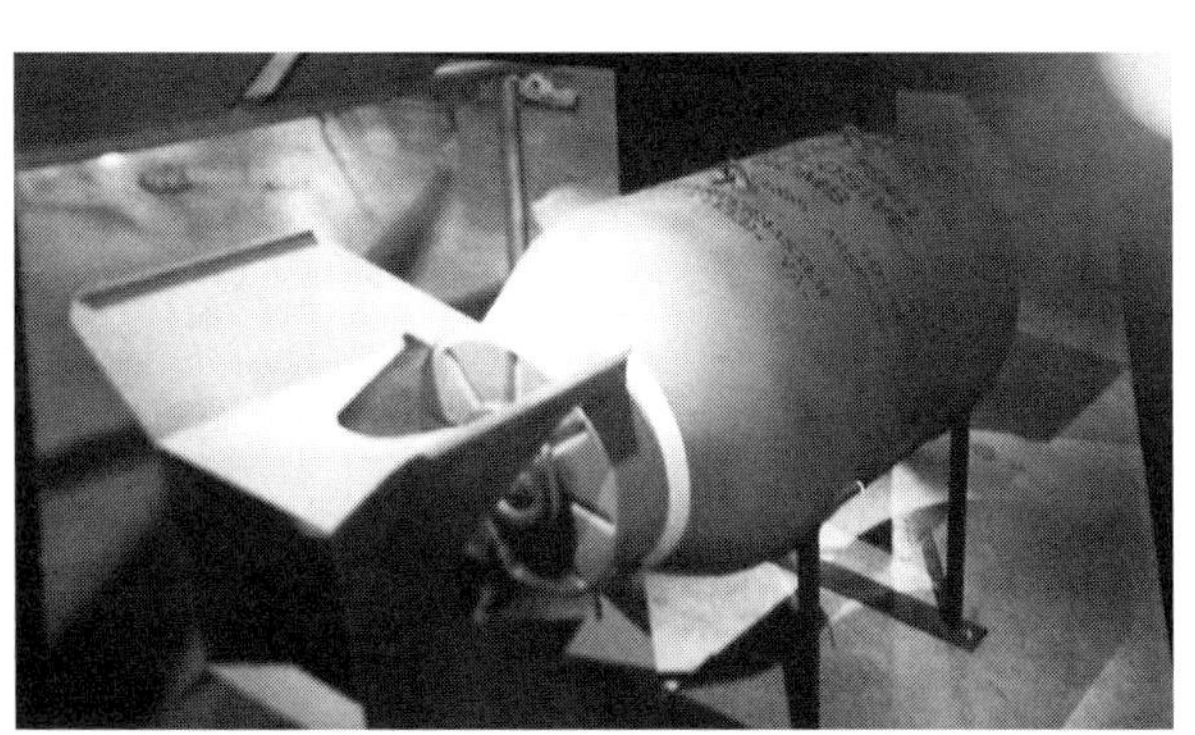

鹿児島駅の爆撃に使われた1000ポンド高性能爆弾

第4章

「地下壕」をめぐる日米の攻防

鹿児島県東部の志布志市はオリンピック作戦の上陸予定地だった

本土決戦へ突き進んだ日本

オリンピック作戦に向けて、着々と準備を進めていたアメリカ軍。それに対し日本軍も、アメリカ軍が秋頃に九州上陸作戦を行なうことを想定し、本土決戦に向けた準備を進めていた。

その動きは昭和20（1945）年に入り一気に加速する。1月には「帝国陸海軍作戦計画大綱」を策定。連合軍の日本本土上陸に向けて兵団を新設し、準備を急ぐことが定められた。4月には「決号作戦準備要綱」を示達。連合軍が日本本土に上陸した際には、各方面に配置されている部隊が、戦闘にあたることが決められた。

本土決戦に向けて「大規模な部隊の増強」も行なわれた。東日本の防衛は第一総軍、西日本の防衛は第二総軍が指揮をとることが定められたが、日本軍兵士の多くが中国や東南アジアなどの国外で従軍し、日本本土の防衛は手薄になっていた。

本土決戦に向けて日本本土の防衛を強化するため、日本軍は満州や北方などから、急ピッチで部隊をかき集めた。その数は、師団40個、独立混成旅団22個にのぼり、総兵力は約150万に達した。

「地下壕」に命運を託す

アメリカ軍との本土決戦において、日本軍はある場所に立てこもって、戦い続けようと決意していた。地中の奥深くまで掘り抜かれた「地下壕」だ。

それは沖縄戦の教訓に基づくものだった。4月から6月にかけて、血みどろの地上戦が繰り広げられた沖縄。54万もの兵力を擁するアメリカ軍に対し、日本軍は11万という劣勢を強いられていた。そうした中、日本軍が立てこもったのが地下壕だった。武器や食料が底をつく中、ひたすら地下壕に身を隠しながら「ゲリラ戦」を展開することでアメリカ軍を苦しめ続け、アメリカ軍兵士の死傷者はおよそ5万人にのぼった。

沖縄戦に従軍した米軍兵士は、その戦いを次のように書き残していた。

日本兵はじっと地下壕の奥に立てこもり、こちらの攻撃が休止すると、無数に出てきてすかさず反撃に転ずる。戦闘が続くうちに、ひとつまたひとつと、アメリカ兵の遺体が増えていく。日本兵の遺体もいたるところに転がっていた。あの戦

争は狂気そのものだった。（ユージン・B・スレッジ『ペリリュー・沖縄戦記』より）

こうした沖縄での戦いを教訓に、本土決戦においても、日本軍は地下壕でのゲリラ戦を展開しようとしていた。その最前線と位置づけられたのが、アメリカ軍の上陸予定地だった南九州だ。日本軍は九州に60万を超える兵士を送り込み、地下壕の建設を急ピッチで進めたが、完成した地下壕の数は驚異的なものだった。国土交通省が平成29年度にまとめた地下壕の調査結果によれば、

全国1位＝鹿児島（1700カ所）
全国2位＝広島（801カ所）
全国3位＝宮崎（675カ所）
全国4位＝大分（625カ所）
全国5位＝長崎（554カ所）

全国6位＝熊本（464カ所）

全国的に見ても九州に作られた地下壕の数は圧倒的に多く、中でも鹿児島の地下壕の数は突出していることが分かる。

全長16キロの地下壕

鹿児島で地下壕の痕跡が、いまも数多く残されている場所がある。アメリカ軍が上陸しようとしていた「志布志市」だ。志布志市は日本軍の本土防衛の最前線と位置づけられ、無数の地下壕が建設された。

一体どんな地下壕を建設したのか。それを一目見たいと私は志布志市へ向かった。

現地で取材を続けると、長年志布志市の教育委員会で歴史資料の収集を行ない、現在は郷土史を研究されている米元史郎（よねもとしろう）さんにお会いすることができた。

志布志市内の地下壕を知り尽くしている米元さんは、市内の地下壕を次々と案内してくださった。中でも驚かされたのは、権現（ごんげん）島と呼ばれる陸続きの島に作られた地下壕だった。島の入口には小さな祠（ほこら）がまつられ、そこから雑草が生い茂る道をまっすぐに進むと、地下壕の入口が見えてきた。

入口には木の扉があり、厳重に施錠されていた。鍵を開けてゆっくり中に入ると、腰を曲げてようやく入れるほどの、低くて細長い通路のようなものが掘られていた。中は真っ暗でとてもひんやりしていて、私たちは懐中電灯で照らしながら、少しずつ前に進んでいった。そこで目についたのは、いくつもの「横穴」。それを指さしながら、米元さんは次のように説明してくれた。

「志布志に駐屯していた兵団は2000人程度と言われていますので、大勢の兵士たちが地下壕を掘り抜く作業に従事していたということになります。弾薬庫と思われる横穴や、兵隊さんが休憩するような若干のスペースがありますので、複数名が常駐をしていたのではないかと思われます」

地下壕の壁に目をこらすと、何かでひっかいたような傷が、無数に残されていた。当時の地下壕掘りは、兵士たちがツルハシなどを使う「手作業」だったため、ツルハ

志布志の郷土史
を研究している
米元史郎さん

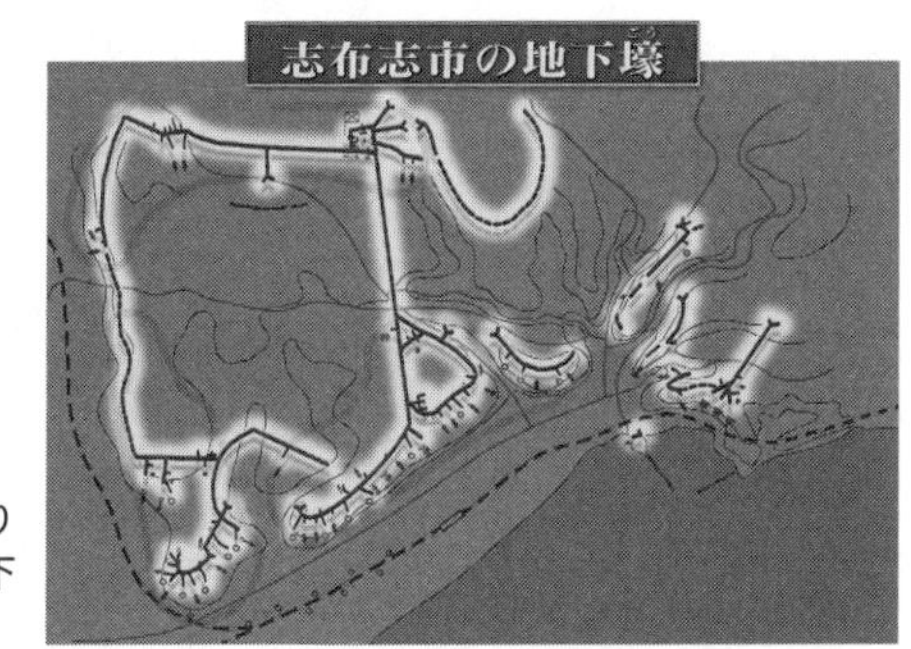

志布志市に張り
巡らされた地下
壕の地図

地下壕内は暗く
て陰鬱な雰囲気
に包まれている

シで岩盤を削った跡が今もたくさん残されているのだという。地下壕の中にはコウモリやゲジゲジがあちこちにいて、この閉ざされた真っ暗な空間で兵士たちが毎日こうした地下壕を掘り続けていたのかと思うと、暗澹たる気持ちになってしまった。

腰をかがめながら１００メートルほどを進むと、ようやくかすかな光がさし込む場所にたどり着いた。アメリカ軍兵士が志布志に上陸しようとした際は、この場所に置かれた砲台からアメリカ軍を狙い撃つつもりだったと、米元さんは教えてくれた。

「ここは、上陸した敵兵（アメリカ兵）を狙い撃つために設けられた陣地でした。まさに最前線の基地だったんです。敵の上陸に備えた日本軍の防衛作戦も、11月１日の米軍上陸を想定しておりましたので、その日に向けて突貫工事で陣地づくりがされたということになりますね」

最後に米元さんは、志布志市の教育委員会に保管されていた貴重な資料を見せてくれた。それは、街中に網の目のように張り巡らされた「志布志地下壕の全体像」を記した図だった。その長さを聞いて、私は驚いた。全長16キロにもおよぶ地下壕が、志布志市内に作られていたというのだ。私が見た地下壕は、ほんの一部に過ぎなかった。

「志布志の地下壕は、約9割が完成していたそうです。戦時下で視察に来た日本軍の幹部は、『志布志の地下壕は全国一すばらしく、全軍の模範である』と評したといわれています。地下壕の中には、砲台や弾薬集積所だけでなく、炊事場・井戸・休憩所まで作られていて、長期戦にも耐えられる設計になっていました」

全長16キロの地下壕——。日本軍の本土決戦にかける執念を思い知らされた。

軍と一体化した「本土防衛最前線の街」

16キロの地下壕が張り巡らされ、要塞都市となった志布志市。当時、街はどんな状況だったのか。それを知りたくて戦時中に志布志で暮らしていた人を探し続けると、たったひとりだけ取材に応じてくださる方が見つかった。

現在も志布志市で暮らしている田中保(たなかたもつ)さん（90歳／当時14歳）。田中さんは当時旧制中学の2年生だったが、ある日突然担任の教師に命じられて、クラスの友人とともに志布志市沖合の枇榔島(びろうじま)という島に渡った。島には日本軍が駐屯していて、地下壕掘りを手伝わされることになったという。

「ジャングルの中を歩いて、寝泊まりする所まで連れて行かれて、そこで地下壕掘りの作業があったような気がします。兵隊の方々が掘った塹壕ですかね、その土を外へ運び出す仕事です。小さいスコップがありましたけれども、そのスコップでモッコに土を積んで友人と二人で運び出しました。『敵艦が来た時に、迎え撃つための砲台を造っているんだよ』と大人たちは言っておりました」

朝から日が暮れるまで働かされ、食事は毎日コウリャンの飯だけという粗末なものだったという。当時志布志には、こうした地下壕が網の目のように張り巡らされていたことを田中さんは鮮明に記憶していた。

「高台のほうに、大きな穴（地下壕の入口）が幾つもありました。兵隊の人たちが入口に立っておりましたから。大人たちは、『地下壕の中は網の目のようになっているぞ、あそこに入ってしまうともう出られないぞ』と言っておりましたけれども」

当時の志布志市は、日本軍が街全体を完全に占領し、軍事要塞都市と化していた。田中さんが通っていた旧制中学も、日本軍に完全に接収されて兵士たちが寝泊まり

中学生時代に地下壕掘りを手伝った田中保さん

し、上級の将校たちは一般市民の家を借り上げて宿泊していたという。

「ほとんどの学校が接収されておりました。学校の門の所には、銃剣をつけた歩哨兵が交替で立っておったですね。学校に泊まっているのは階級の低い人たちだけで、上官は強制的に民家を借り上げてそこに寝泊まりし、馬で行き来していました。上官の言うことを聞かないと大変だったですね。部下の兵隊が殴られているところを私も見たし。海軍では精神棒だと言って、野球バットのような物で尻を叩いておったですよね」

アメリカ軍の上陸に備えて、志布志では兵士だけでなく、少年や女性などの一般市民までもが銃剣や竹槍を持ち、敵兵を迎え撃つ訓練を繰り返していたという。

「木銃と言って銃に似たような、木で作ったものがあるんです。それを一人ひとりみんなもらいました。『前！』『2歩前！』『突け！』という練習をしておりました。中尉ぐらいの配属将校が来て、下手なことをすると『お前たちはそれでも日本人か！』と言って怒鳴られたりします」

「本土決戦がある、と聞いておりましたからね。『米軍が来たら、みんなで戦うんだ』『竹槍を持ってでも戦うんだ』という意気込みだけでした。『米英撃滅』『国を守る』とみんな口々に言っておりましたから、敵兵の中に突っ込んでいって、最後の一兵まで戦う覚悟があったんです」

本土決戦に向けて最後の一兵まで戦う。アメリカ軍との決戦の時が、南九州の地に刻一刻と近づいていた。

地下壕攻略へ動き出した米軍

しかし、こうした日本軍の動きをいち早く察知し、アメリカ軍も本格的に動き出していたことが、今回の取材を通して明らかになった。

その名も「スフィンクス・プロジェクト」。日本軍の地下壕攻略に向けて、アメリカ軍は様々な実験を行ない、その実験結果を５００ページを超える膨大な文書にまとめていたのだ。文書は、アメリカ国立公文書館に眠っていた。

スフィンクス・プロジェクトが開始されたのは、沖縄で日本軍との死闘が続いていた5月だった。舞台となったのは、アメリカ西部ユタ州の鉱山地帯である。この場所には、地下に数多くの坑道が掘られていた。その坑道を日本軍の地下壕に見立てて、実験が行なわれた。プロジェクトの概要が示された文書の冒頭には、次のように記されていた。

ペリリュー・フィリピン・硫黄島そして沖縄において、
日本軍の指揮官は厳重に守られた地下壕に立てこもりながら、
アメリカ軍にとてつもない損害を与えた。
日本軍は敗北したものの、アメリカ軍が払った犠牲は甚大であり、地下壕攻略は極めて重要な課題となった。

これから行なわれる日本本土での決戦で、日本軍の指揮官はこれまで以上に、地下壕での戦いに徹すると予想される。

日本の心臓部（東京）に向かうにつれて、地下壕に立てこもり、より完全なる防衛体制をしき、狂信的に戦い続けるだろう。

沖縄戦を経験した米軍兵士へのヒアリング

アメリカ軍は、沖縄で地下壕の戦いを経験した米軍兵士たちをスフィンクス・プロジェクトに招き、ヒアリングもしていた。6人の兵士たちが、地下壕での戦いを次のように報告していた。

100～150メートルおきに地下壕の入口があり、それらはすべてつながっていた。地下壕入口には迫撃砲が備えつけられていて、そこから正確に砲弾を撃ってきた。中に入るとものすごい量の手榴弾があって、地下壕の出口も大砲で守られていた。

狭いエリアに135もの地下壕がひしめきあっていた。地下壕の中には廊下があり、左右に階段が伸びていて、部屋もあった。地下壕の中には、トラックが通れるほど大きなものもあった。こうした地下壕をすべて封じないと、日本兵が守備する丘を制圧することはできなかった。

丘に突撃していくと、日本兵が次から次に、出てきた。空爆をしても、艦砲射撃を撃っても、大砲を放っても、日本兵は地下壕の中に立てこもり続けた。こうした日本兵を我々は何とかして、地下壕から引きずり出さなければならなかった。

火炎放射器で地下壕を一つひとつ焼き払いながら、日本兵を地下壕内からあぶり出そうとしたが、日本兵は戦いを止めるということを知らず、いつまでも狂信的に戦い続けた。すでに負けていると分かっていても、足が吹っ飛ばされていても、彼らは、死後硬直するまで戦い続けていた――。

地下壕の破壊実験

米軍兵士の証言にもあるように、沖縄戦でアメリカ軍は地下壕の入口に近づいて、火炎放射器で地下壕の中を焼き払い日本兵を殺害する、いわゆる「接近戦」を行なっていた。

しかし、接近戦は米軍兵士たちのリスクが高く、アメリカ軍側にも数多くの死傷者を生み出していた。そこでスフィンクス・プロジェクトでは、地上での接近戦ではなく、上空からの空爆によって地下壕を破壊するための様々な実験が行なわれた。

さらに取材を進めると、こうした空爆実験をアメリカ軍が詳細に記録していたことも明らかになった。記録映像はアメリカ国立公文書館に保管されていて、今回リサーチャーの尽力で、入手することに成功した。

「沖縄の地下壕に立てこもる日本兵との戦いに苦戦し、我が軍は大きな犠牲を生んで

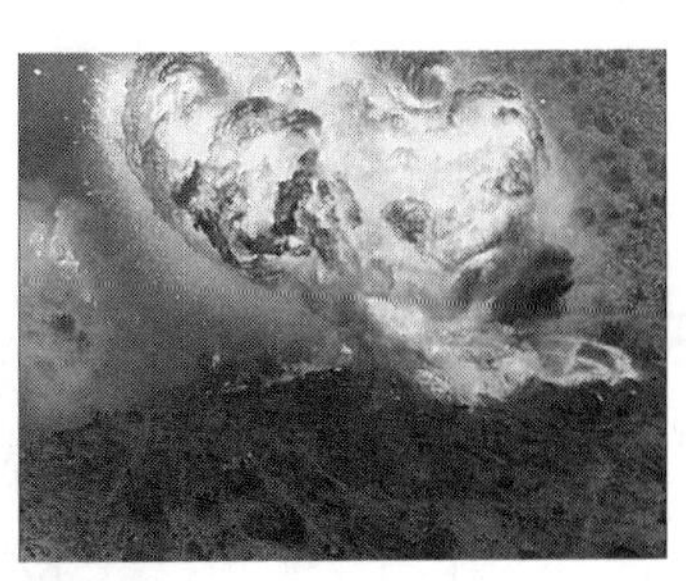
アメリカで行なわれた地下壕の空爆実験

沖縄の戦いでアメリカ軍は地下壕にこもる日本軍に苦戦した

しまった。こうした中、地下壕での効果的な戦い方を見出すために今回のプロジェクトは始まった」という軽快な英語のナレーションとともに、記録映像は始まっていた。

地下壕の内部まで破壊するために、アメリカ軍は様々な空爆実験を行なっていた。しかし、すべての空爆において、満足する結果を得ることができなかった。

標的を的確に撃ちぬくロケット弾で、地下壕入口を破壊しようとしたが、入口があまりに小さく、命中させることができなかった。

1000度を超える高熱で一帯を焼き尽くすナパーム弾も試されたが、壕の内部まで焼き尽くすことはできなかった。

さらに重さ5トンを超える巨大爆弾トールボーイも投下されたが、爆破によって15メートルものクレーターができたものの、地下壕の入口を塞ぐにとどまった。

その他、空挺75ミリ砲、低空爆弾攻撃、中型爆弾などを使って、ありとあらゆる空爆が試されたが、地下壕の内部にまで深刻なダメージを与えるものは何ひとつ見つからなかった。

「禁断の兵器」で地下壕殲滅へ

そうした中でアメリカ軍は、地下壕に立てこもる日本軍の殲滅をめざして、ある兵器の使用を本格的に検討するようになる。人類史上最も凶悪な兵器のひとつとされる「毒ガス」だ。

当時、毒ガスは「禁断の兵器」とされていた。第一次世界大戦で使用されて100

万人以上の死傷者を出したため、あまりに残虐性が高いとして、１９２５年に結ばれたジュネーブ議定書によって細菌兵器とともに使用を禁じられていたのだ。

しかし、アメリカは議定書に批准せず、国際的なタブーを無視して、水面下で毒ガスの使用を検討していた。その理由は「毒ガスであれば、地下壕の奥深くにまで充満し、地下壕に立てこもる日本軍兵士をひとり残らず殲滅することができる」というものであった。

この毒ガス作戦を進めたのが、アメリカ陸軍参謀総長のジョージ・マーシャルだった。アメリカ軍兵士の犠牲を減らし、日本との戦争に勝利するという名目のもと、マーシャルは毒ガス作戦へと突き進んでいったのである。

第５章

極秘で進められた「対日毒ガス作戦」

鹿児島への毒ガス攻撃が記された作戦計画書

日本軍への報復

アメリカ軍が極秘で進めていた「対日毒ガス作戦」とは、一体どのようなものだったのか。

私はアメリカのリサーチャーに依頼し、アメリカに散逸していた対日毒ガス作戦に関する資料や映像を集め、片っ端から読み込んでいった。すると、衝撃の事実が次々と明らかになってきた。

そもそもアメリカ軍が毒ガス作戦を推し進めるようになった背景には、「日本がアメリカに先んじて毒ガスを使用していた」という事実があった。

昭和12（1937）年から始まった日中戦争で、中国北部の河北省北坦村（かほくしょうほくたんそん）でゲリラ戦を続けていた中国・八路（はちろ）軍に対して、日本軍は大規模な毒ガス攻撃を行なっていたのだ。戦いの最中、兵士や住民ら約1000人が逃げ込んだ地下道に、日本軍は大量の毒ガスを投げ込んだ、と作戦を行なった部隊の報告書に記されている。

使用されたのは「あか」と呼ばれる毒ガスで、目や鼻の粘膜を刺激し、激しい吐き気を引き起こす猛毒だった。村の記録によれば、兵士や住民はもだえ苦しみ、約80

０人が命を落としたと記されていた。

こうした情報は、すぐにアメリカ軍の耳にも入った。当時アメリカ大統領だったルーズベルトは声明を出し、中国で毒ガス攻撃を続ける日本軍を強く非難した。

「日本軍が中国で毒ガスや有害ガスを使用しているという複数の報告が、わが米国政府にも届いている。もし日本がこの非人道的戦争手段を、中国あるいは他の連合国に対して続けるならば、このような行為はアメリカ合衆国に対してなされたものと米国政府はみなし、同じ方法による最大規模の報復が与えられるということを明白にしておきたい。我々は完全なる報復を遂行する準備を行なうであろう。責任は日本にある」

当時アメリカ軍が最も警戒していたのは、日本軍が太平洋戦争において毒ガス攻撃を行なうことだった。もし日本がアメリカに対して毒ガス攻撃を行なってきた場合には、報復として、アメリカも日本に対して毒ガス攻撃を行なう――。

そうした強い決意のもと、アメリカ陸軍は「化学戦統括部」を中心に、水面下で毒ガス兵器の開発を進めていった。化学戦統括部に千数百人の兵員を在籍させ、日本が使用した毒ガスのサンプルを持ち込み分析し、毒ガス兵器や防護服の開発を次々と進めていったのである。

対日毒ガス作戦、極秘文書

日本との戦いでアメリカ軍の死傷者が増え続けると、「日本に対して毒ガスを使え」という声は、アメリカ国内で日増しに高まっていった。

昭和18（1943）年、アメリカ軍にとって〝悲劇〟ともいわれた「タラワの戦い」で4日間に1000人という戦死者が出ると、化学戦統括部長官のウィリアム・ポーターは、陸軍参謀次長に次のような書簡を送っている。

「もしタラワの戦いで900トンの毒ガス（イペリット、ホスゲン）爆弾を投下していれば、日本軍守備隊は全滅し、アメリカ軍はほぼ無傷で島を占領できた。毒ガスを適切に使えば、太平洋における戦争を早く終わらせ、多数のアメリカ人の人命を救うことができる」

昭和19（1944）年に入ると、アメリカ軍は対日毒ガス作戦を一気に加速させていくことになった。今回、その決定的な証拠を入手した。対日毒ガス作戦を記した「ＪＣＳ８２５」という極秘文書だ。

　アメリカ国立公文書館に眠っていたこの文書、昭和19（１９４４）年6月30日に発行され、終戦まで9版にわたって更新されていた。アメリカ軍はこの文書に「対日毒ガス作戦をどのように進めるか」を克明に書き記していたのである。

南米密林地帯での訓練

　このＪＣＳ８２５の方針に従って、日本に対する毒ガス攻撃の訓練が本格化したのは、昭和19（１９４４）年8月だった。実験の舞台となったのは、カリブ海に浮かぶサンホセ島だった。その時の様子を記録した60分間の映像が残されている。

　映像は、次のようなナレーションで始まる。

「毒ガス防護服を一切もっていない中国軍が、日本軍の毒ガス攻撃にさらされているという報告があった。日本軍は絶望にかられると、アメリカ軍に対しても、狂ったような抵抗を見せる。今後日本軍は、自分たちへの損害など考えることなく、アメリカ軍に対しても、予測不可能な毒ガス攻撃をしかけてくる可能性がある。アメリカの化学戦統括部は、日本との戦いの舞台となっている太平洋の熱帯下における毒ガス兵器・防護服等の研究がまだ十分ではない。それゆえ、今回の実験を開始する」

サンホセ島での映像は、船から毒ガスの実験機材が積み下ろされ、トラックで島内に運びこまれる場面からスタートしていた。

飛行場の周辺には、毒ガスが充塡された爆弾が山のように積まれ、その毒ガス弾を積み込んだ爆撃機が滑走路から飛び立っていく様子が映し出されていた。密林地帯に向けて、次々と投下される毒ガス弾――。

地上に落ちて、爆弾が炸裂すると「ドカン！　ドカン！　ドカン！」という地響きのような衝撃音が鳴り響いていた。その後、防護服をつけた兵士たちが爆弾投下地点に入り、一帯が毒ガスでどれくらい汚染されたかを計測していた。

こうした映像の中でとくに印象的だったのは、実験台にされたヤギの映像だった。アメリカ軍は、アメリカ製と日本製のガスマスクをヤギに装着し、上空から毒ガス弾を投下して「各国のガスマスクが、どれほどの効果があるか」を調べていた。毒ガス

毒ガスの実験で息絶えるヤギ

弾が炸裂し、あたり一帯が白い毒ガスで包まれると、日本製ガスマスクをつけたヤギは体を大きく震わせながら息絶えていった。

一方、アメリカ製ガスマスクをつけたヤギは最後まで生き残っていて、「アメリカ軍のガスマスクはどんな高密度ガスからも兵士を守る」と自国のガスマスクを称(たた)えていた。

こうした密林での実験以外にも、洋上に浮かべた戦艦に対して毒ガス弾を投下する実験も行なわれ、「我が軍の毒ガス兵器は、密林地帯でも満足のいく殺傷能力を発揮した。とくに熱帯下では、塩化シアン、イペリット（マスタードガス）が効果的であった」と結論づけていた。

戦慄の人体実験

取材を続ける中で、アメリカ軍を含む連合軍の衝撃的な毒ガス実験映像が、オーストラリア国立公文書館に残されていることも明らかになった。

サンホセ島の実験とほぼ同時期に、オーストラリア軍兵士に対して行なわれた「毒ガス人体実験」を記録した映像が保管されていたのだ。

現場はオーストラリアのブルック島。ガスマスクをつけた複数のオーストラリア軍兵士たちが、一列になってある建物の中に入っていく。

そこは、毒ガスの人体実験室だった。建物の一室に入ると、兵士たちがレンガのようなものをもって、部屋の中をグルグルと歩き回っていた。その上から毒ガスが散布されて、人体にどれくらいの被害が出るかを実験しているというものだった。

兵士たちが実験を終えて防護服を脱ぐと、そこには目を覆いたくなるような映像が広がっていた。体のいたるところに、大きな水ぶくれのような跡ができ、兵士が下着を脱ぐと、下半身まで皮膚がただれ、ぐちゃぐちゃになっている様子が映し出されていた。私は思わず吐き気をもよおし、それ以上映像を直視することができなかった。

兵士たちは金銭の報酬を受けながら、志願して実験に臨んだそうだが、正気の沙汰とは思えなかった。当時アメリカ軍をはじめとする連合軍は、ヤギなどの動物だけでなく、人間をも実験台にして、毒ガス兵器の開発を進めていたのだ。

オーストラリアの毒ガス実験に参加した兵士の中には命を落としたものも少なくなく、戦後の長い間、毒ガス実験の後遺症に苦しめられ続けた兵士も数多くいるという。戦争がもつ罪深さを、改めて思い知らされた気がした。

毒ガス作戦を推し進めた黒幕

着々と毒ガス兵器の開発を推し進めていたアメリカ軍。その一方で、太平洋における日米の戦闘はさらに熾烈さを極めていく。

昭和20（1945）年に入ると、それまで密林でゲリラ戦を展開していた日本軍は、地下壕に身を潜め、さらに激しく抵抗を続けるようになる。米兵死傷者は増加の一途をたどり、2~3月の硫黄島の戦いでは約2万6000人、沖縄戦では約5万人もの米兵が死傷した。

こうした状況下でも、アメリカ軍が日本に対して、毒ガス兵器を使用することはなかった。ジュネーブ議定書で使用が禁じられている毒ガスを使えば国際的に激しい非難を浴びる。そして、ひとたび毒ガス戦が始まれば日米双方に膨大な死傷者が出る、その2点を恐れてのことだった。

沖縄戦を指揮した第10軍司令官のバックナー中将も「毒ガスや刺激性ガスは断じて使用してはならないし、このような弾薬は携行してはならない」と命令をくだし、どんなに苦戦を強いられても毒ガスを使用することはなかった。

しかし――。今回の取材で、日本に対する毒ガスの使用に踏み切ろうと水面下で動き出していたアメリカ軍の最高幹部の存在が明らかになった。

米陸軍参謀総長のジョージ・マーシャルである。

毒ガスの使用に消極的だったルーズベルト大統領が4月に死去し、新たにトルーマン大統領が就任したことを機に、マーシャルは対日毒ガス作戦に向けて、一気に舵(かじ)を切ろうとしていたのだ。

沖縄戦が終盤に近づいていた昭和20（1945）年5月29日、マーシャルはスチムソン陸軍長官、マクロイ陸軍次官補との会談の中で、最小限の犠牲で日本との戦争を終わらせるために、毒ガスの使用を本格的に検討し始めていた。

会談の議事録には、「マーシャルは、アメリカ軍が直面している日本の狂気的な抵抗に対して、新たな戦術が必要だと語った。そして『太平洋の島々で行なわれている戦闘において、毒ガスを使ってみてはどうか。抵抗を続ける地域に毒ガスを浴びせかけて、抵抗地域一帯を毒ガスで覆い、戦闘意欲を奪うだけでいい。毒ガスは火炎放射器に比べて非人道的ではない』と語っていた」と記されていた。

本土上陸に向け加速した作戦

ちょうどこの頃、アメリカでは日本本土上陸をめざすダウンフォール作戦が策定された。

マーシャルは、日本本土で毒ガス攻撃を行なうべく「アメリカの化学戦政策」と題する文書をまとめ、海軍作戦部長のキングに対し、対日毒ガス作戦に賛同するよう働きかけていた。

日本軍は最後のひとりになるまで狂信的に抵抗し、戦局の進行を遅らせている。これらの抵抗地域は、毒ガスによって一掃することができる。アメリカ軍は最小の人命コストで、敵兵を殺害することができる。毒ガスはオリンピック作戦（九州上陸作戦）から使用するのが理想的である。

（「アメリカの化学戦政策」より）

マーシャルのもと、対日毒ガス作戦は一気に加速していく。その確たる証拠が残されていた。

マーシャルらの会談が行なわれた直後の6月9日、化学戦統括部によってまとめられた報告書だ。東京・大阪・名古屋・神戸・京都・新潟・広島・福岡など25の大都市が、日本本土上陸作戦の際、毒ガス攻撃を実施する候補としてあげられていた。

とくにオリンピック作戦の上陸地点として狙いを定められていた「鹿児島」は、具体的な攻撃方法まで克明に記されていた。

【目的】毒ガス（塩化シアン）弾により、日本軍兵士の即時殺傷を達成する
【ターゲット】陸軍兵舎および旅団司令部
【攻撃時刻】１９４５年11月１日　上陸当日午前６時
【総爆弾量】塩化シアン弾　１０２４発
【攻撃の副作用】鹿児島の無防備な人々（一般市民）にも、多くの死傷者が出るだろう

毒ガスの標的となった九州

対日毒ガス作戦に向けて動いていたのは、化学戦統括部だけではなかった。統合参謀本部も独自に毒ガス作戦の標的研究を進め、６月17日に発表していたのだ。

報告書には、九州の地図が添付されていた。それを見て、私は言葉を失った。地図

には、アメリカ軍による毒ガス攻撃のターゲットが記されていたのだが、九州の実に33カ所が候補となっていたのだ。
福岡県の通信センター・長崎県の港湾施設・熊本県の鉄道沿線・鹿児島県の海岸部など、九州の主要都市のほとんどが攻撃対象となっていた。報告書には、次のような文章が記されていた。

九州上陸作戦において、航空部隊は毎日100キロ四方のエリア、2400キロの道路・鉄道を汚染することができる。地上部隊は、毎日4キロ四方のエリアを汚染することができ、地下壕に潜む人員を苦しめ、外に追い出すことができるだろう。上空からの毒ガス攻撃は、物資の補給を妨害し、軍司令部を無力化することに貢献するであろう。オリンピック作戦における毒ガス戦は実行可能であり、有効である。

一連の計画書を見ながら、私の脳裏には、アメリカ軍が行なっていた毒ガス実験の映像が繰り返しよみがえっていた。

アメリカ軍のばらまいた毒ガスの煙に包まれて、体を震わせながら息絶えていったヤギ。密室で猛毒のガスを散布され、下半身までも滅茶苦茶にただれていたオーストラリア軍兵士。もし九州に対して毒ガス攻撃が行なわれたら、兵士だけでなく九州の一般市民まで巻き込まれ、同じような目に遭っていただろう——。

その光景を想像すると、私は身震いがした。

なぜマーシャルは毒ガス作戦に突き進んだのか

戦争を終わらせるためとはいえ、なぜマーシャルは、これほどまでに残虐な作戦を推し進めようとしたのか。私はどうしても、その答えが知りたかった。そこにこそ戦争の本質があるような気がしてならなかった。

アメリカのリサーチャーにその疑問を繰り返しぶつけていると、ひとりの研究者を紹介してくれた。中央フロリダ大学のトーマス・ドーラン准教授である。ドーラン氏は長年マーシャルの研究を続けており、彼ならば当時のマーシャルの心理をひもといてくれるかもしれないとのことだった。

早速コンタクトをとり、取材の趣旨に賛同してくださったドーラン氏は、自宅でのインタビューを許可してくれた。しかし、ここでも新型コロナウイルスの壁が立ちはだかった。コロナウイルスはアメリカでも猛威をふるい、日本からアメリカへの渡航許可が下りないばかりか、現地リサーチャーすらも自宅を出ることができないほどの事態に陥っていた。

放送日も刻一刻と近づく中、私たちはドーラン氏が住むフロリダでカメラマンを雇い、そのカメラマンだけを自宅に派遣し、インタビューはリモートで行なうことで、何とか取材を成立させることにした。

長年にわたってマーシャルを研究するトーマス・ドーラン准教授

のちほど日本に送られてきたドーラン氏のインタビューは、示唆に富んだものだった。マーシャルが毒ガス作戦に突き進んだその背景には、狂信的に抵抗を続けた日本の姿があったとドーラン氏は語っていた。

「硫黄島と沖縄で、アメリカ軍はとてつもない苦戦を強いられました。日本軍は要塞のような地下壕を作り、敗北は明らかであっても、最後まで抵抗を続けました。『降伏の拒絶』を目の当たりにして、マーシャルは日本人に対し、狂信的で、自暴自棄で、到底理解しえない人間だと感じていたのです」

日本軍の決死の抵抗にあい、次々と命を落としていった米軍兵士たち。その現実が、マーシャルをより一層毒ガス作戦に駆り立てていったと、説明してくれた。

「１９４５年春にかけて、米軍死傷者は増加の一途をたどっていました。マーシャルは日々、厳しい現実に直面していました。こうした中『日本本土侵略のために毒ガスを使用することは、正しい判断かもしれない』と思い始めたのです。もちろん彼にも、自分がやろうとしていることが、世界の道徳観に真っ向から反しているという認識はありました。しかし最終的には『おそらく我々は、毒ガスを使わざるを得ないだろう』と述べるに至っています。これは死傷者に対してアメリカの最高幹部が負っていた責任の重さを物語っています」

こうした状況下で、もしアメリカ軍が日本本土で毒ガス攻撃を行なっていたら、一般市民も間違いなく巻き添えになっていたと語った。

「毒ガスは人間の能力を奪って、多くの場合、死に至らしめます。肺の粘膜を破壊して、呼吸が困難な状態にさらされるからです。アメリカ軍がもし毒ガスを使用していたら、日本の兵士はもちろん、民間人も窒息し、死亡していたでしょう。地下壕の中に身を隠していた人たちも、ほぼ間違いなく犠牲になっていたと思います」

そして最後にドーラン氏は、戦争の本質を衝くような言葉を残して、インタビューを締めくくった。

「戦争において敵が降伏を拒否し続けていると『敵に勝利する唯一の道は、相手を完全に支配下におくことだ』との思いが膨れあがっていきます。そして戦争指導者たちは、戦争に勝利するための『近道』を探し始めます。この時、戦争は極めて危険な状況に陥るのです。

指導者たちは創造性豊かになり『戦争をより早く、より安価に終わらせる方法』を探し、より恐ろしい手段が戦争に持ち込まれます。最終的には、最も守られるべき一般市民に多大な犠牲が出てしまうのです。これらは第二次世界大戦で、現実のものとなりました。あらゆる戦争において、これは真実なのです」

より早く、より安価に——。人の命がコストとして計算されていくことに、私はそこはかとない怒りを覚えた。しかしマーシャルは紛(まぎ)れもなく、この論理のもとに、毒ガス作戦を推し進めていったのだ。ひとたび戦争になれば、人間はここまで冷徹になれるのだと、改めて思い知らされた。

そして、戦争終結を急ぐマーシャルの野望は、毒ガス作戦だけに止まらなかった。さらなる残虐な作戦が日本に近づいていたことを、私はこのあと、まざまざと見せつけられることになるのである。

第6章

日本、一億玉砕へ

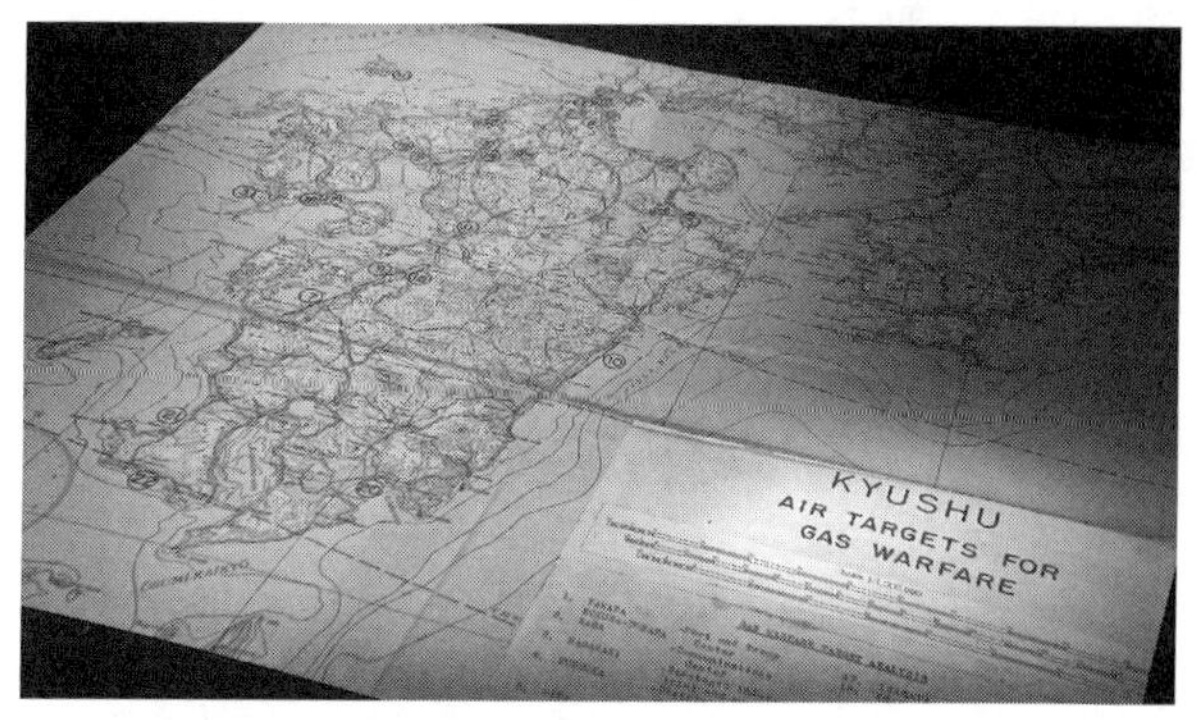

九州への毒ガス攻撃が記された地図。危機は刻一刻と迫っていた

米軍毒ガス作戦を把握していた日本

九州上陸に向けて、毒ガス作戦まで推し進めたアメリカ軍。取材を進めると、その動きを日本が察知していたことも分かってきた。陸軍の作戦要綱（支那派遣軍一号作戦電報綴）には次のように記されていた。

米英は、南方の戦局やその他の情報を総合すると、近い将来に化学戦を行使する公算が大きい。極力、化学戦に移行することは避けなければならない。米英の化学戦能力は絶大であり、化学戦は避けるのが有利である。

オリンピック作戦が実行に移されれば、毒ガス戦が行なわれる可能性は極めて高く、一般市民も含めたおびただしい犠牲者が出ることは明白だった。それにもかかわらず、日本軍は本土決戦へと突き進み、無謀な作戦を次々と展開していく。

昭和20（1945）年3月末から6月末にかけて沖縄戦が繰り広げられる中、日本

沖縄戦に出撃する特攻隊員

軍はアメリカ軍を迎え撃つための兵士を九州に結集させ、その数は60万に達しようとしていた。こうした兵士たちを、四方八方に張り巡らせた地下壕に配置して、ゲリラ戦を展開しようとしたのだが、日本軍はもうひとつ恐るべき作戦を推し進めようとしていた。

「特攻」の最前線となった南九州

その作戦こそが、兵士が自らの身を投げ打って敵陣に突撃する「特攻作戦」だった。

陸軍部作戦部長の宮崎周一中将は、戦後GHQによる尋問調書の中で、本土決戦で特攻作戦に主眼を置いていたことを明言していた。

「本土防衛の為め、大本営首脳の抱懐せる作戦構想は次の如きものであった。『先ず各種特攻兵器を以て、来攻する敵を海上に攻撃し、敵兵上陸せば神速果敢なる攻勢以て敵か未だ橋頭堡を構成するに先ち浮動状態に在る間に之を撃破する』」

つまり、「もし日本本土にアメリカ軍が迫ってきたら、まずは海上にいる敵艦に対して航空機や特攻艇で肉薄攻撃を行ない、それをも突破してアメリカ軍が日本本土に上陸した場合は、敵が橋頭堡などを建設する前に、陸上でも体当たり攻撃を行なって、撃破する」という方針を固めていたのだ。

かくして、アメリカ軍との本土決戦が予想されていた南九州は「特攻の最前線」と位置づけられ、数多くの特攻基地が建設された。

航空機を急降下させ、機体もろとも敵艦に突っ込んでいく航空特攻の基地。ベニア板の小型モーターボートの先に爆薬を搭載し、敵艦に体当たりする海上特攻艇・震洋の基地。さらに1トンを超える爆薬を積み込んで水中を航行し、敵艦を見つけて突撃していく人間魚雷・回天の基地。こうした空と海の特攻基地が、南九州だけでも、実に40も建設されていった。

元少年兵との出会い

アメリカ軍との決戦に向けて、特攻訓練を繰り返し、上陸を待ち受けた日本兵たちは、どんな気持ちだったのだろうか——。私はどうしてもその心情が知りたくて、当時九州に特攻兵として派遣された人を探すことにした。

しかしここでも、戦後75年の壁が立ちはだかった。当時正規の兵士として徴兵されたのは17〜40歳で、現在は92歳以上になる。資料や部隊名簿をもとに、全国各地へ電話をかけたが、いずれも「すでに亡くなっています」という回答ばかりだった。

存命の方もわずかにいらっしゃったが、高齢のため電話での取材は困難で、何とか面会を希望しても、コロナ禍で会うのは難しいと断られた。100名近くをリストアップし問い合わせたが、いずれも取材困難。もはやこれまでかと、目の前が真っ暗になった。

私は、どうしても当時の兵士たちの生の声を聞きたかった。これまでの取材経験から、体験した人でしか表現できない心情や緊張感があることは分かっていたし、体験者の生の声でしか特攻という問題の切実さを伝えることはできないと思っていた。

何より戦後75年の今が、体験者の声を聞くラストチャンスかもしれない。自分自身に何度もそう言い聞かせながら取材を続けた。

諦めず電話をかけ続けていると、あることに気づいた。

沖縄での組織的な戦闘が終わった昭和20（1945）年6月23日、日本軍は本土決戦に向けてさらなる兵士を動員するために「国民義勇兵役法」という法律を施行し、徴兵できる年齢を15歳から60歳までに拡大していた。

時には志願というかたちで中学生をも動員し、非正規の少年兵を生み出していた。その「少年兵たち」（つまり当時中学生だった世代）が、現在80代後半で、わずかながら存命であることが分かってきたのだ。

少年兵に絞ってさらに人探しを続けると、ある重要な人物にたどり着いた。それは、鹿児島の図書館で、少年兵に関する書籍を再度調べている時のことだった。『三角兵舎の月～兵士のように戦争に駆り出された十四歳～』というタイトルが目に飛び込んできた。その場で本を読み進めていくと、太平洋戦争末期に鹿児島県吹上浜（米軍上陸地点）に近い川辺町（かわなべちょう）で、学徒義勇戦闘隊員として徴兵され、米軍上陸に向けて訓練を重ねていたことが書かれていた。

しかも中学生ながら、爆雷を背負って米軍戦車に突撃する訓練まで行なっていたと記されていたのである。「この人だ、この人しかいない」と私は思わずつぶやいた。本を握りしめる手は、興奮で汗がにじんでいた。

著者の名前は、「前橋竹之（まえはしたけゆき）」と書かれていた。私はすぐさま出版社に連絡し、前橋さんが存命かどうかを確認してもらった。連絡を待っていたその日の夜は、とてつもなく長く感じられた。「何とか生きていてほしい」、その一心だった。

そして翌日、登録していない番号から電話が入った。恐る恐る応答すると、本の担当者だった。私は尋ねた。「本土決戦の番組を作る上で、どうしても前橋さんにお話をお伺いしたいのですが、お元気でいらっしゃいましたか」

私の心臓の鼓動は、はち切れんばかりに高鳴っていた。すると、「前橋さん、施設に入られていますが、お元気でいらっしゃいますよ」との答えが返ってきた。「本当ですか⁉　よかった、本当によかったです」。前橋さんは存命だった。思わず目頭が熱くなった。この時の喜びは、今も忘れられない。

しかしまだ安心することはできなかった。前橋さんは老人ホームに入所されていて、コロナ禍で取材を受けてもらえない可能性は高い。私は本の担当者から教えてもらった前橋さん本人と入所する施設の電話番号に、連絡を取ることにした。

まず前橋さんの連絡先に電話をかけると、本人が出られた。やさしく穏やかながらも、しっかりとお話しになる方だった。取材の意図を話すと、「私も人生の最後に、話しておきたいと思っておりました」と取材を了承してくださった。しかしその条件は、施設側が許可してくれたらというものだった。

私は意を決し、施設に連絡した。対応してくださったのは、取材の可否の最終判断をくだす施設長だった。私は、戦後75年の節目の年にどうしてもこの番組を残したいこと、兵士の方を探し求めて100人近くリストアップして問い合わせたが取材困難だったこと、そうした中ようやく前橋さんにたどり着いたこと、戦後75年の今、前橋さんの証言を残すことがいかに大切か、ありったけの思いを込めて語った。

施設長はその場で取材の可否の判断をくださず、施設の職員の方々と相談を重ねた上で、後日連絡をくださった。そして感染対策を徹底し、応接室でわずかな時間なら、という条件で取材の許可が下りた。

「すごく大切な番組に取り組まれていると感じました。コロナ禍で施設としてもリスクがありますのでできる範囲ではありますが、ご協力させてください」との返答だった。

私たちの取材はいつも、こうした方々の理解と協力のもとに成り立っている。心からの感謝を伝えて、電話を切った。

爆雷を背負い、特攻訓練した少年

1カ月後、取材班は神奈川県葉山町（はやままち）にいた。前橋さんの暮らす施設は高台にあり、この日の空は驚くほどに青く澄みわたっていた。到着すると施設長が出迎えてくれ、応接室に案内してもらった。インタビュー場所をセッティングしながら、少しずつ緊張感が高まっていった。

セッティングを終えると施設長が再び応接室を訪れ、「前橋さん、施設の玄関で待っておられますよ」と声をかけてくださった。玄関へ向かうと、前橋さんはひとりソファに座って資料を読み込まれていて、目が合うとにっこりと笑ってくれた。

そして前橋さんは、「長年教師をやってましたが、教員生活で戦争体験を語ってこなかったことを後悔しています。今日は人生の最後に覚悟を持ってお話しします」とおっしゃった。私は、「当時の兵士の方をずっと探し続けていました。記憶していらっしゃるすべてを話してください。私たちも責任を持って記録します」とだけ伝え、応接室まで案内した。

玄関から応接室までの廊下を、御年89歳の前橋さんは手押し車を押しながら、ゆっくりと歩かれていた。その後ろ姿を見つめながら「人生の最後に覚悟を持って話します」とおっしゃった前橋さんの言葉をかみしめていた。「体験者の『遺言』を、責任を持って後世に遺す」そう心に誓って、インタビューを開始した。

まず話してくださったのは、「徴兵された日」のことだった。

徴兵されたのは、沖縄での組織的な戦闘が終わろうとしていた昭和20（1945）年6月22日。当時、鹿児島県川辺町で旧制中学に通っていた前橋さんは、突然教師に校庭に集まるように言われた。

「その日は川辺中学校の校庭に1年生、2年生、3年生が200名ずつ、計600名が集まって、『学徒義勇戦闘隊』の結成式が行なわれたんです。それでもう切羽詰まってきているっていうことが分かりましたね。きっと近いうちに、吹上浜に米軍が上陸してくるんだと」

まず教頭が壇上に立ち、その後、陸軍将校が現れた。

「教頭先生が『只今より、学徒義勇戦闘隊編成式を行なう』という挨拶をしたんです。みんな『へ？ 学徒、学徒――何だろうね？』って言って、ザワザワとしましたけども。『何か怖いことがあるな』と思って気をつけしましたら、ナガミネヤスヒサ大佐でしょうね――。大佐が入って来たわけです。大佐というのは、連隊長ですよ。その連隊長がなぜ私たちの配属将校になったんだろうと、皆びっくりするわけです。勲章がいっぱいあって、髭を生やして、今まで見てきた兵士とは全然違うんです」

壇上に立った陸軍将校は、次のように訓示をしたという。

我が帝国は未曽有の危機に直面している。

今や皇国の安危は、君たち諸君の双肩に懸かっている。
本島防衛のために、この薩摩半島は重要な位置になった。
今後一身を挺して、国家に忠誠を尽くすことをしてほしい。

訓示のあと、前橋さんら中学生は隊列を組んで、近くの飯倉神社まで行進した。飯倉神社は、軍人が出征する時に見送る場所だった。

「大きな楠があって、薄暗かったです。みんなシーンとしていて。そこで武運長久の祝詞をあげて。その時は『来るところまで来たんだな』という気持ちでしたね。

少年兵として訓練を重ねた前橋竹之さん

不思議と気持ちが高揚しているといいますか、盛り上がってくるっていいますか。本当に不思議な気持ちで、俺たちは一人前になって認められたんだ、と思いました」

その日から、中学生たちの軍事教練が本格化した。まず行なわれたのは射撃訓練。これまで一発も撃ったことのなかった実弾を渡され、実戦を想定した訓練が始まった。

「鉄砲を持つ時は、こうして匍匐して行ったんじゃないかな。土嚢があって、その土嚢から、三八式歩兵銃で弾を込めて射撃するんです。震えますよ。目もつむりますよ。パーンと火薬が散って目をつむるから、みんな外れるわけです。ただ、私は3発のうち1発が命中したんです。そして『バンザーイ！』と言って。『お前は優だ』って。優・良・可。これが体育教練の成績に関わる」

その後、実戦に投入されるとも知らず、前橋さんたち中学生は、授業と同じような感覚で実弾射撃訓練を続けていた。さらに日が経つにつれ、驚愕の訓練も行なわれるようになった。爆雷を背負って、米軍戦車に突っ込む特攻の訓練だった。

「蛸壺、塹壕ですね。そこからリュックサックみたいなものを背負って飛び出して、匍匐前進で地面を這いずって敵の戦車に近づいて行って、それで爆雷をキャタピラに投げます。そして走ってまた塹壕に飛び込んで隠れるっていう訓練でした。誰が速いか、すばしっこいのは教練の『優』をもらう。だから一生懸命でしたよ、自分の成績を上げるために。怖いということじゃなくて、自分の成績を良くするためにっていう」

「何のためにこの訓練をするかは、聞かされていたんですか？」

「具体的なことは話していません。そういう話は一切しないで、まあ『一身を挺して』っていうようなことは言っていたけど。『行って死ね』とかそういうことは、兵士たちからは聞いてません。言えなかったんじゃないでしょうか。こんな小さな子供たちに」

いざ米軍が迫ってきたら、自分たちが爆雷を背負って特攻する。そんな捨て身の作戦であることも十分に知らされないまま、中学生たちは授業の延長のような感覚で、特攻訓練を繰り返していた。

戦車に爆雷を投げる戦車特攻訓練

地下壕での「兵士との共同生活」

軍事教練が一段落すると、前橋さんたちは住んでいた親元（川辺町）を離れ、15キロほど離れた、青戸飛行場（南九州市頴娃町）に行くよう命じられた。青戸飛行場は当時、特攻機の出撃拠点のひとつとなっていた場所だ。そこで、正規の日本兵たちと生活をともにするようになった。

寝泊まりしたのは、あの「地下壕」だった。地中に向かって、寝泊まりするための穴を掘って、その上に三角の屋根をつけた簡易的なものだったという。

「日本兵とは、どんな暮らしをしていたんですか?」
「地下壕です。地面に穴を掘って。その上に三角の物をかぶせて。その上に木の枝を置いて、下は地面ですよ。その上にこのぐらいの高さの高床式のベッド。60名でしたから、20名ずつ、3棟あったんじゃないかな。ご飯は、コウリャン。お粥、それに梅干し1個か、沢庵2切れぐらい。もうひもじいですよ」

野砲隊に配属された前橋さんは、大砲を撃つための砲台作りに従事していたが、連日のように米軍機が現れ、機銃掃射で狙われたという。

「穴を掘るでしょ? その土砂が上空から見えるんですね。それに向かって米軍機が機銃掃射してくる。毎日でした。それと特攻機がいっぱい置いてあるんですよ、青戸飛行場に。それに対しても敵機が機銃掃射してくるんです。

低い所を飛んで来るんですよ。急に、ドドドーンっていう。操縦する兵士の顔が見えるんですよ、低く来てるから。ニヤッと笑っているような感じがするんです。みんな掘ってあった塹壕に飛び込んで、立てこもる。兵士たちも、生徒たちも、飛び込みました。だから雁字搦めっていうんですかね。もう本当にね、何度も米軍機に追いかけられました。よく死ななかったなって」

米軍機が機銃掃射を浴びせ、それに対して、日本軍が高射砲で応戦する。そんな光景が、前橋さんの目の前で連日のように繰り返された。アメリカ軍の機銃掃射で犠牲となった兵士も多かったという。「そこはまさに戦場そのものだった」と語っていた。

そんな中、命がけで砲台を作り、軍事訓練を行なっていたのだ。その時の心情を前橋さんは次のような言葉で語り残してくれた。

「もう怖いとか、そういうことは通り越していますね。判断停止。ただ言いつけ通りに動くロボットだったんじゃないかと思いますよ」

言いつけ通りに動くロボット――。この言葉が、当時の戦時下の人々を象徴しているように思えた。戦争という極限状態に置かれ、喜び・悲しみ・恐れといった人として当たり前の感情が麻痺し、人間が人間ではなくなってしまう。それこそが戦争の恐ろしさなのだと、教えられたようだった。

首を吊って自決せよ

前橋さんと別れたあとも取材を続けていると、小学生に対しても「死」を強いる、とてつもない教育が行なわれていたことが分かってきた。

その証言者に会うため、私は宮崎県沿岸部の高鍋町に向かった。オリンピック作戦で米軍が上陸する予定だった海岸沿いの町で、戦時中数多くの軍需工場が建設されていた場所だった。

出迎えてくれたのは、前村二三さん（87歳／当時11歳）。白髪を後ろに束ね、眼光も鋭く、威厳のある方だった。

ご自宅の座敷に通されると、ほどなくして前村さんが写真を持ってきてくださった。小学校の同級生と集合写真に映る丸刈り頭の前村さんがいた。当時はまだ小学5年生。そんな幼い男の子に、教師たちは「もしアメリカ軍が迫ってきたら、捕虜になるのではなく、首を吊って自決せよ」と教えていたという。

「『いざとなったら敵の捕虜になるよりか、首を吊って死ね』って言われたんですね。クラス担任じゃない先生から」

教師から自殺の方法を教わったという前村二三さん

その男性教師は、首を吊る方法まで小学生に教えていた。普通に首を吊ると簡単には死ぬことができないため、頸動脈（けいどうみゃく）がある部位を強く絞めて死ぬよう、指導していたという。

「普通に首を吊ると苦しい。首を吊って息が止まって死ぬまで、10秒や20秒じゃ死なんと言って。息止めても10秒じゃ20秒じゃ死なんじゃろうが、と。あれは、頸動脈をすとーんと切るから死ぬとじゃから。だから普通に首を絞めたら苦しいばっかりじゃから、普通に絞めんで頸動脈を先に切れ。そうやって死ぬ方法がある、とじゃって」

男性教師は竹でできた物差しを持ち出してきて、自らの首に当て、「物差しを首にあてて吊れば、楽に死ねる」と教えた。

「あの頃は20センチだったと思いますが、竹の物差しを持っていましたから。竹しかなかったですから。その物差しを首に当てて、そして吊ると頸動脈が絞まるから、息が止まらんで頸動脈が切れて死ぬって（男性教師は）言いました。そういうのは、実際習ったんです。言われたんです。だからその時は本当に絶望的になりました。正直言って、どうしていいか分からんかったです」

集団自決をも強いられた

小学生に首吊りを教える。これだけでも常軌を逸しているのだが、前村さんは、さらに恐るべき指導も行なわれていたことを明かした。それは家族や友人同士が、自ら殺し合う「集団自決」の指導だった。

当時の日本軍には、昭和16（1941）年に陸軍大臣・東條英機が全陸軍兵士に示達した「戦陣訓」という教えが徹底されていた。その中でうたわれているのが、「生きて虜囚の辱を受けず」という一文だ。「生き残って敵兵の捕虜になり、恥辱を受けるよりは、自ら死を選べ」という教えだが、その教えが兵士だけでなく一般市民にまで浸透していた。これに従って、沖縄では、アメリカ軍に追い詰められた人々が、家族同士で殺し合う集団自決が繰り返された。その集団自決の方法が、南九州でも教えられていたのだ。しかも、まだ幼い小学生に対して。

「集団自決でやっぱり一番印象に残っているのが、手榴弾で班ごとにやる——今で言えばグループですわね。当時は班と言っていましたから。班ごとに自決するんだと。実際、班ごとに円陣を組ませて、そしてその中で班長が自決する指示を出すんだよと指導されたことを今でも鮮明に記憶していますけどね」

教えられた集団自決の方法を、前村さんは私たちの目の前で再現してくれた。

まず、手榴弾を中心にして、隣にいる友人同士で肩を組んで、班で円陣を作る。その後、班長の号令と同時に、手榴弾のピンを抜いて爆発させる。そうすることで、班全員が苦しむことなく、一瞬にして爆死できると語ってくれた。

「だいたい5〜6人ぐらいの班だったと思いますね。それで肩を組んで、なるべく隙間ができないように（ぐっと）組む。その中で班長が手榴弾のピンを抜くんだよ。それだけのことですよ。その時にグループを組んでいた、いわゆる同じ釜の飯を食った仲間と死ぬわけです。これはもう勝てないということは分かっていましたからね。『何か死なないかん』ということになるとじゃなというのは、切実にありましたよね。ほんとね」

死が美化された時代

小学生にまで「死」を強いる時代。今では考えられないが、当時はそれが当たり前で、「人前で死の恐怖を表に出すことは絶対に許されなかった」と、前村さんは話してくれた。

「当時は『死の恐怖』なんて出せない。考えようもなかったです。戦時中は『天皇陛下万歳』と言って死ねば、それが一番の人間の幸せだと叩き込まれていましたからね。死というものを恐れてはいけないと。とくに国のために死ぬのは名誉なことだというのが、もう私たちの場合には、物心ついた時からあったわけです。ある意味では『死が美化されていた時代』で、最初から。物心ついた時からそういう具合に教え込まれてきたわけですから。教え込まれただけじゃなくて、周囲の状況がそうだったわけですから。どこを見ても。右を見ても左を見ても」

天皇のために死ぬことが「美」とされた時代。そんな時代だからこそ、前村さんは首を吊ることを教えられ、集団自決で爆死することを指導された。

とはいえ、当時はまだ小学生。「本当は死ぬことは怖かったのではないですか？」と私が尋ねると、「本心を言えば、死ぬことは怖かった」と語ってくれた。しかし、それを口に出すことは、絶対に許されない。それこそが「全体主義」の恐ろしさだと教えてくれた。

「建前として、国のため、天皇陛下のために死ぬというのは美だということ。これはありましたよね。じゃあ、それから逃れることはできるかと聞かれたら、とてもではないが、当時は答えられないですよ。言うこと自体ができないわけですからね。死ぬことが怖いなんて、言ったらいけないことというのはもう分かっていましたから。そういうのが、ある意味での『全体主義教育』であるし、『軍国主義教育』だろうと思うんですよね。そういう場面がしょっちゅう作られていたのが、いわゆる軍国主義、全体主義教育の一番怖いことだと、私は今になって思いますね」

インタビューの最中、前村さんは私の目をまっすぐに見つめて、「全体主義の恐ろしさ」について、何度も語ってくれた。国民がひとつのことを信じて突き進み、それ以外のものを排除しようとする。

それこそが最も恐るべき事態であり、二度とそういった事態に陥ってはならないと。現代を生きる私たちに託された大切なメッセージのように思えてならなかった。二度と同じことを繰り返してはならないぞと言われているようだった。

一刻一刻と近づく本土決戦

そして前村さんが最後に語ってくれたのは、当時の緊迫した状況だった。沖縄戦が終わり、昭和20(1945)年7月に入ると、宮崎への空襲はいよいよ激しくなっていったという。

連日のようにアメリカ軍の戦闘機が上空に現れ、低空で機銃掃射を行ない、爆撃機が大量の爆弾を投下し、高鍋町は瞬く間に焦土と化していった。前村さんを含めた町の人々は、いよいよ南九州での本土決戦が近いのだと、感じ始めていたという。

「本土決戦が近づいているというのは、もう実感としてありました。とくに宮崎の海岸近くの大人というのは、皆分かっていたんじゃないかと思いますがね。あれだけの爆弾を落とされて、あれだけの物量をアメリカ軍が費やすということは、もう占領以外には考えられんってことも、皆実感として分かっていましたからね。本当に怖かったですね」

前村さんが語る通り、沖縄戦が終わり、アメリカ軍の九州上陸はいよいよ現実味を帯びていた。日本軍も九州へ次々と部隊を送り込み、その数は60万に達しようとしていた。とくに米軍上陸予定地だった鹿児島と宮崎には大量の日本軍兵士が送り込まれ、特攻機の基地や海の特攻兵器（震洋・回天）の基地も、南九州だけで40も建設され、アメリカ軍を迎え撃つ準備が着々と進められていった。

そうした体制に、一般市民も次々と組み込まれた。新たな法律のもとに徴兵年齢を拡大し、一般市民も巻き込んだ「一億玉砕」で本土決戦に突き進んでいった。九州各地で、市民たちが竹槍や銃を手にとり、アメリカ軍を迎え撃つ訓練を行なう光景が広がっていった。

しかしこうした日本の動きを、アメリカ軍も察知していた。そして日米双方の軍事態勢は、さらなる緊迫した様相を呈していくのであった。

第７章

作戦決行か否か
〜米軍内部の攻防

航空機から毒ガス弾を投下するアメリカ軍の実験

米軍幹部に伝えられた九州兵力情報

オリンピック作戦に向けて、九州に兵力を結集した日本軍。その動きを、アメリカ軍の諜報部もすぐに察知した。日本軍が九州に約60万もの兵力を結集している——その情報に、米軍最高幹部は衝撃を受けた。

オリンピック作戦が計画された当初、アメリカ軍は九州を守備する日本軍の総兵力を35万と予想していた。8～9の野戦師団を配備し、これらの部隊を支援するために2500～3500機の航空機を用意すると見ていた。

しかし昭和20（1945）年7月9日～8月にかけての米軍無線諜報によってアメリカ軍の当初の予想は覆される。本土決戦に向けて日本軍が大規模な兵力増強を行ない、とくに九州の防衛が固められていることが明らかになったのだ。

今回私たちは、ウルトラやマジックというコードネームがつけられた米軍無線諜報部の極秘資料を入手した。そこには、アメリカ軍が「日本軍の九州兵力情報」を、日々分析していたことが記されている。

７月９日　　35万
７月21日　　45万５０００
８月６日　　55万

九州の日本軍兵力は急激に増加を続け、８月20日時点では「総兵力62万５０００」となり、当初の想定の倍近い14個野戦師団に達すると記されていた。

さらにこれらの部隊を支援する航空戦力も急増していた。アメリカ軍の各分析機関によって情報は異なるが、日本本土防衛のために用意された航空兵力は、米国陸海軍統合評価委員会によれば５９１１機、米国太平洋艦隊司令長官の情報センターによれば１万２９０機。これらの航空機が、特攻などの攻撃をしかけてくると予想された。いずれの分析にしても、当初の２５００～３５００という予想を大きく上回る数字であった。

一連の情報はすぐにアメリカ軍最高幹部たちにも伝えられ、米軍上層部にも衝撃が走った。７月29日までに、太平洋陸軍総司令官のダグラス・マッカーサーの情報参謀だったチャールズ・A・ウィロビー少将はこう述べている。

「九州における日本の猛烈な兵力増強は、我々が一対一の兵力比で攻撃する段階にまで至る兆候を示しており、そうした状況は勝利のための方策ではない」

アメリカ軍は、戦争に勝利するためには「三対一」の兵力比が必要だと考えていた。しかし日米両軍の兵力比は、拮抗する「一対一」に達しようとしていたのだ。

この時の米軍内部の状況について、歴史家のリチャード・フランク氏は次のように分析していた。

「1945年6月18日、トルーマン大統領がオリンピック作戦を承認した時、『九州には日本軍の陸上師団がわずか8師団しか配置されないだろう』と予測されていたという点を理解しておくことが重要です。総兵力はおよそ35万になります。当初の計画では、アメリカ軍は日本軍の初期の配備に対して、圧倒するような戦力を投入することができるとされていたのです」

「しかし7月から8月にかけて、日本軍の兵力は毎日のように増え続けていきました。機密文書を読むと分かると思いますが――。私は〝モンスターは死んだと思っているところで、突然モンスターが起き上がった〟とホラー映画にたとえるのですが、オリンピック作戦で対峙することになる日本軍の兵力は62万になっていました。１９４５年６月時点のおよそ２倍です。

そして、その数は依然として増加し続けていました。まだ終点に達してなかったのです。６月の予想兵力とは、完全に違っていたことは明白でした。当初の計画が完全に意味をなさないように見えるレベルにまで、日本軍兵力が達していたと言えます」

オリンピック作戦を推進していた陸軍参謀総長マーシャルは、この状況を目の当たりにし、動揺を隠せなかっただろうとフランク氏は語る。

「マーシャルは、それらの数値を初めて見た時、少し懐疑的でした。日本軍は自分たちを欺（あざむ）こうとしているのではないか――。しかしそこにいたのは紛れもなく本物の部隊でした。偽物ではありませんでした。そして、その数値は大いなる恐怖心を抱くほどに膨れ上がっていたのです。オリンピック作戦を推し進める意味で非常に威圧的な数値になっていたのです。マーシャル将軍はこの時『オリンピック作戦のために立てた計画はすでに有効ではなくなっている』と認識し始めていたでしょう。状況が根本的に違っていたのです。マーシャルの心は揺らいでいました」

作戦決行か否か〜対立した陸海軍

さらに取材を続けると、オリンピック作戦を決行するか否かについて、アメリカの陸軍と海軍が、真っ向から対立していたことも明らかになってきた。

海軍は、オリンピック作戦に「反対」の立場をとっていた。日本はアメリカ軍を上回る地上部隊を招集でき、かつ日本の地理的特性によってアメリカ軍の火力・機動力は機能しなくなる。そのため「海上封鎖と空襲」によって日本に大きな損害をもたらし、無条件降伏に持ち込むべきだと主張していた。日本本土を海上封鎖した先に、日本人を飢餓（きが）に追い込む狙いがあったと、フランク氏は語った。

「海軍は何十年もの間、日本との戦争について研究をしていました。日本本土に上陸すれば、まったく容認できないレベルの米軍犠牲者を出し、戦争継続に対する国民の支持を失う可能性があると考えていました。

海軍の代替案は『海上封鎖』でした。この海上封鎖というのは、食糧（補給）を断ち切ることによって飢餓を起こして、民間人を中心に数百万人という日本人を殺すことを目的としていました。戦争を終わらせるために、日本の民間人を飢餓によって殺害するという、極めて過酷な代替案を模索していたのです。

海軍作戦部長のキングが考えていたのは、海上封鎖と空襲をアメリカの主要な戦略として復活させることでした。日本本土へ侵攻する考えは、一切受け入れようとしなかったのです」

さらにキングの部下である太平洋艦隊司令長官ニミッツも、キングに対して次のように進言していた。

「沖縄戦を2カ月戦ってきた今となっては、もはや日本本土侵攻作戦は支持できない。オリンピック作戦はまったく無分別な作戦である」

それに対して陸軍は、真っ向から対立した。海上封鎖と空襲だけでは日本は絶対に降伏しない。陸軍の地上部隊を上陸させて、南九州を制圧し、首都・東京を占領することこそが、日本を無条件降伏させせることができる唯一の手段であると主張し続け

陸軍元帥ダグラス・マッカーサー（1880～1964）

海軍元帥アーネスト・キング（1878～1956）

た。

　オリンピック作戦の是非をめぐり、陸海軍が一触即発の衝突を生みかねない、緊迫した事態が続いていたのだ。当時のアメリカ軍上層部は「分裂する一歩手前まで来ていた」とフランク氏は語る。

「8月までにアメリカ統合参謀本部内で、オリンピック作戦を続行するか、海軍が望むように日本本土への侵攻を中止して海上封鎖や空襲に移行するかについて、激しい対立があったことは間違いありません。オリンピック作戦は実行可能な作戦かどうかという問題をめぐって、アメリカ統合参謀本部は分裂しそうになっていたと言えるでしょう」

オリンピック作戦の代替案

アメリカ陸海軍が対立を続ける中、オリンピック作戦の「代替案」が検討されていたことも取材を通して明らかになった。人類史上初となる原子爆弾が、広島に投下された8月6日、アメリカ・ワシントンの統合参謀本部の統合戦争計画委員会は、統合計画参謀部に対して、次のような文書を提出した。

「アメリカの指揮官はこの状況を再検討し、オリンピック作戦への代替案に関して、日本における目標を再調査し、代替目標に対する作戦計画を準備するべきである」

報告書には、陸軍のマッカーサーと海軍のニミッツ宛の文書も添えられていた。

日本軍の戦力の劇的な増強は、命令変更をいまだ要さずとはいえ、オリンピック作戦の見通しに重点的に取り組むことを余儀なくさせており、両指揮官に代替案を作成し、時宜をえて、提言を提出することを命ず。

ワシントンでは、本州北端や仙台に上陸するプランや、関東に直接上陸するプランが集中的な研究課題になっていると記されていた。トルーマンによって一度は承認されたオリンピック作戦が、白紙に戻される可能性も、現実味を帯び始めていた。

マーシャルとマッカーサーの最高機密電文

オリンピック作戦を実行するか否か。米軍内部で緊迫した状況が続く中、オリンピック作戦を推進してきた陸軍参謀総長のマーシャルは、焦りを募らせていた。

代替案の通達が来た翌日の8月7日、マーシャルはオリンピック作戦の現場指揮官に任命されていたマッカーサーに対して、ある文書を打電していた。陸軍最高幹部のマーシャルとマッカーサーの間で取り交わされた最高機密電文。今回、その文書を入手することができた。「TOP SECRET」と記された極秘文書には、こう記されていた。

私に提出され、貴官の参謀の元にも送付されたジャップ（日本）に関する報告書は、日本軍が九州において師団・航空戦力の大規模な増強に着手したとしている。情報筋の見立てでは、増強された航空戦力の中には大量の特攻機も含まれている。

我々の情報源を欺くために、日本が欺瞞の情報を流しているのではないかという疑惑も、私は抱き始めている。オリンピック作戦に代わる東京、仙台、大湊などの新たな目標についての議論に備えるために、現時点で貴官の指揮下にある兵力や日本の兵力に関して、意見をいただきたい。

これに対しマッカーサーは、マーシャルから電文を受け取った2日後の8月9日に返答していた。「TOP SECRET」と記された返信文は、3枚に及んでいた。

オリンピック作戦に反撃するために兵力増強を続けていると貴殿に報告された日本の航空戦力は、かなり誇張されていると私は確信しています。アメリカ空軍は毎日日本本土上空を飛行していますが、何の反撃もありません。私は日本で大量の航空機が製造されているという報告に疑念を抱いています。さらにマーシャル将軍に報告された南九州の軍事力強化についても信じがたい。我々は九州の鉄道や船舶を破壊しているため、南九州に大量の軍隊が配備されるというのは信じられないのです。南九州の軍隊の補充は困難になっており、南九州の日本軍はオリンピック作戦前に弱体化すると思われます。

マッカーサーは、アメリカ軍にもたらされた九州兵力増強に関する情報に疑問を呈した上で、オリンピック作戦の代替案に対しても異を唱えた。

東京もしくは日本北部への攻撃はメリットがないし、危険をともないます。東京に近いところに大規模な空軍施設を設けないまま、東京へ直接攻撃を行なうことには、大きな疑問を感じています。仙台は東京から近すぎるので日本の地上部隊が進入してくる可能性があり、基地建設は困難ではないでしょうか。オリンピッ

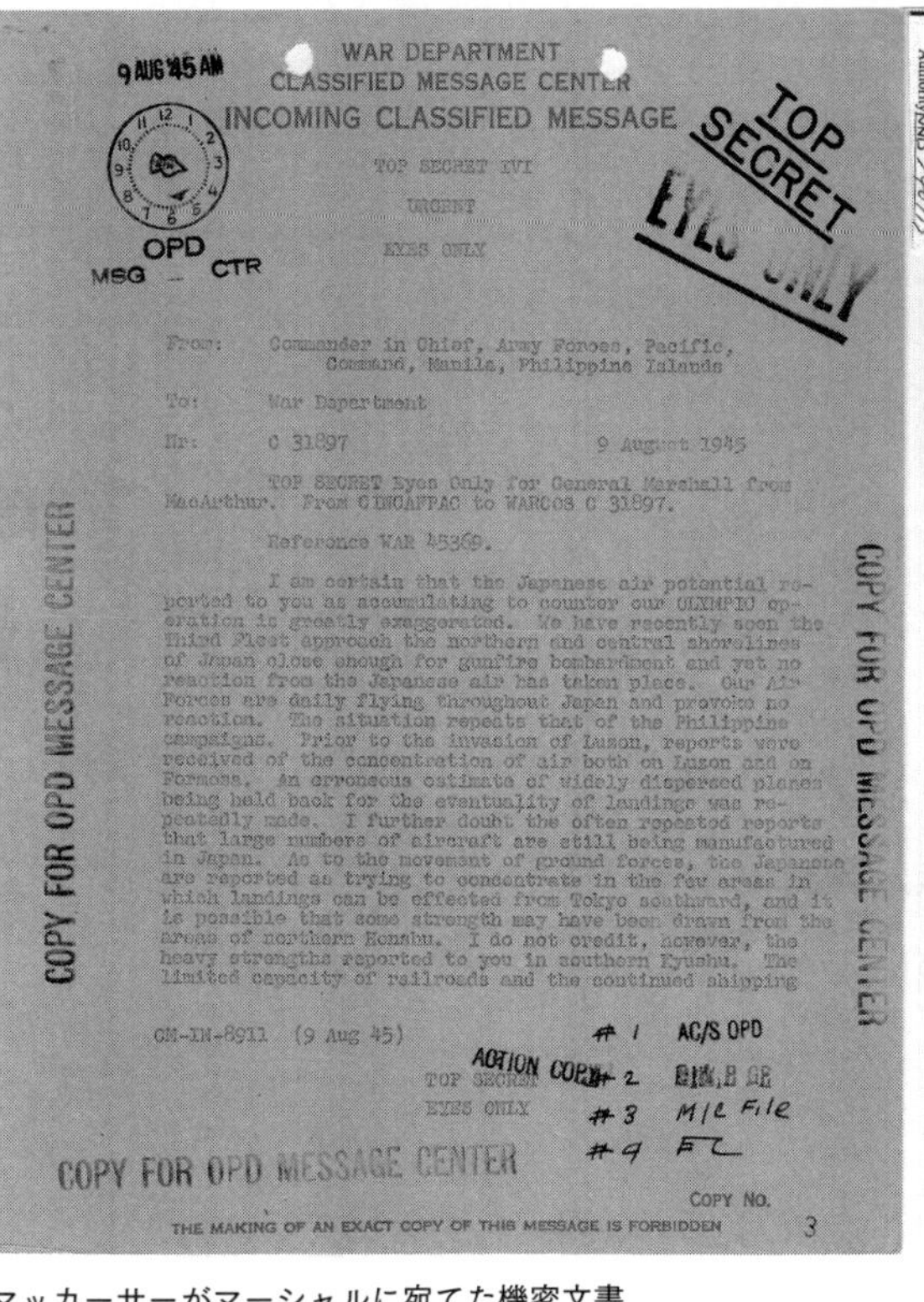

9 AUG '45 AM

WAR DEPARTMENT
CLASSIFIED MESSAGE CENTER
INCOMING CLASSIFIED MESSAGE

TOP SECRET

TOP SECRET EYES ONLY

URGENT

EYES ONLY

OPD MSG CTR

From: Commander in Chief, Army Forces, Pacific, Command, Manila, Philippine Islands

To: War Department

Nr: C 31897 9 August 1945

TOP SECRET Eyes Only for General Marshall from MacArthur. From CINCAFPAC to WARCOS C 31897.

Reference WAR 45369.

I am certain that the Japanese air potential reported to you as accumulating to counter our OLYMPIC operation is greatly exaggerated. We have recently seen the Third Fleet approach the northern and central shorelines of Japan close enough for gunfire bombardment and yet no reaction from the Japanese air has taken place. Our Air Forces are daily flying throughout Japan and provoke no reaction. The situation repeats that of the Philippine campaigns. Prior to the invasion of Luzon, reports were received of the concentration of air both on Luzon and on Formosa. An erroneous estimate of widely dispersed planes being held back for the eventuality of landings was repeatedly made. I further doubt the often repeated reports that large numbers of aircraft are still being manufactured in Japan. As to the movement of ground forces, the Japanese are reported as trying to concentrate in the few areas in which landings can be effected from Tokyo southward, and it is possible that some strength may have been drawn from the areas of northern Honshu. I do not credit, however, the heavy strengths reported to you in southern Kyushu. The limited capacity of railroads and the continued shipping

CM-IN-8911 (9 Aug 45)

#1 AC/S OPD

ACTION COPY #2

#3 M/C File

#4

TOP SECRET
EYES ONLY

COPY FOR OPD MESSAGE CENTER

COPY NO. 3

THE MAKING OF AN EXACT COPY OF THIS MESSAGE IS FORBIDDEN

DECLASSIFIED
Authority NND 240112

マッカーサーがマーシャルに宛てた機密文書

ク作戦は、ほんの少しでも変更することがあってはなりません。この作戦には明確な根拠があり、そして、必ず成功するでしょう。

何としてもオリンピック作戦を行なう。その強い決意を上官のマーシャルに伝えた。

トルーマン大統領の判断

マーシャルとマッカーサーのやりとりは、その日のうちに海軍の耳にも入った。そして海軍作戦部長のキングは、二人の論争に敢然と介入した。二人の極秘電文を部下のニミッツに送り、「このやりとりに対する貴殿の意見をまとめて、その意見書をマッカーサーに送る」よう命じたのだ。

なぜキングは、陸海軍の対立をあおるような行動に出たのか。フランク氏は「陸海軍の対立を激化させることで、トルーマン大統領をこの議論に引き込み、大統領にオリンピック作戦中止の判断をくださせる思惑があった」と分析している。

「陸海軍が自分たちだけでこの問題を解決できない場合は、トルーマン大統領が、オリンピック作戦を再度認可するか、または中止するかという判断をすることになります。アメリカ統合参謀本部のメンバーは全員、オリンピック作戦を実行するか否かをめぐって議論を続けていれば、トルーマン大統領が最終的にその議論に参加してくると理解していました。

海軍のキングは、統合参謀本部の中だけで議論することに留まるのではなく、問題をトルーマン大統領まで上げるための準備を整えようとしました。トルーマン大統領が九州における日本軍兵力の数値を目にすれば、オリンピック作戦の実行を承認することはないだろうと、キングは考えていたのです」

この時期トルーマン大統領がどんな考えを持っていたのか。それを裏付ける資料は、今回見つけ出すことはできなかった。しかしオリンピック作戦をめぐり、米軍内部は極めて緊迫した様相を呈していた。

そして、この膠着した状況を打開するため、陸軍参謀総長のマーシャルは、驚愕の作戦を計画することになるのであった。

第８章

一般市民を狙い撃つ

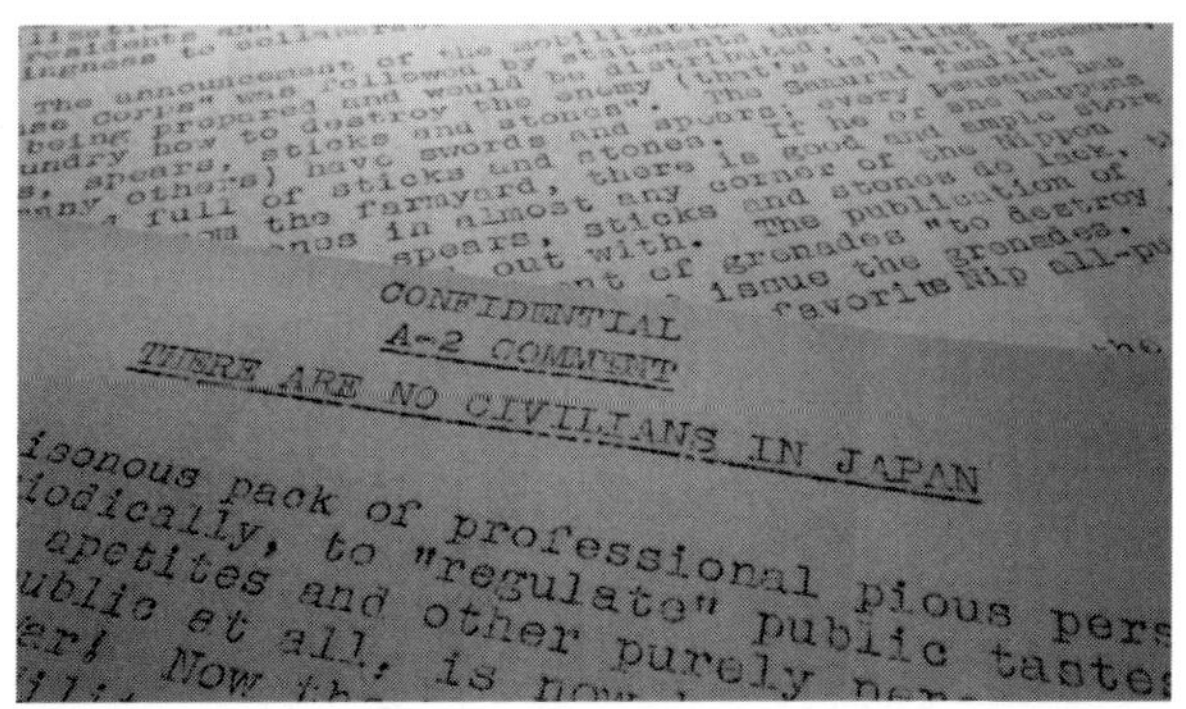

「日本に一般市民はいない」と明記されたアメリカ軍の報告書

狙い撃ちされた市民

オリンピック作戦を実行するか否か。アメリカ軍内部の緊張が高まっていたちょうどその頃から、九州への攻撃はさらに苛烈なものになった。7月末から、アメリカ軍が上陸地点に定めていた鹿児島は連日のように空襲を受け、市街地がまるごと焼き払われたり、小さな山村・漁村までもがしらみつぶしに攻撃を受けたりするケースが相次いだ。

以下は、7月末以降に空襲を受けた鹿児島の都市である。

7月27日　鹿児島市
7月29日　枕崎（まくらざき）市
7月30日　川内市
7月31日　鹿児島市
8月1日　枕崎市・川内市
8月5日　垂水（たるみず）市

8月6日　鹿児島市
8月7日　枕崎市
8月8日　串木野市
8月9日　串木野市
8月10日　枕崎市
8月11日　川内市・加治木町
8月12日　阿久根市・串木野市

私はこうした攻撃に関するアメリカ軍の戦闘報告書を入手し、どんな攻撃が行なわれていたかを追跡した。すると一般市民が暮らしていた「URBAN AREA（市街地）」を狙ったという記述が次々と見つかった。

この時、私の脳裏をよぎったのは、これまで出会った空襲体験者たちの言葉だった。

「ものすごい低空で飛行してきて機銃掃射で狙い撃ちされた」「迫ってきた操縦士と

目が合ったら、ニヤッと笑っていた」

　こうした証言をする人が少なくなかったのだ。当時のアメリカ軍のフィルムを見ると確かに急降下した後、超低空で機銃掃射する様子が記録されていた。

　取材を続ける中で、次第に〝ある考え〟が私の頭を捉えて離れなくなった。

「アメリカ軍はオリンピック作戦が間近に迫る中で、一般市民一人ひとりをも狙い撃ちしていたのではないか」と。

　この仮説をもとに日米の資料を探し続けると、一般市民を狙い撃ちしたことを思わせる資料が少しずつ見つかった。
▽7月29日、鹿児島県枕崎市の空襲。大量の爆弾が落とされ火災が発生し、逃げ惑う住民に対し機銃掃射が行なわれたという証言が、郷土史に残されていた。
　油タンクと焼夷弾が次々と落とされ、市街地の半分位はものすごい火災となった。容赦なく機銃掃射するので、消火どころか逃げるのも大変な様だった。道路

は（逃げる）人で一杯になり、裸馬も走っていたが、この道路にも容赦なく機銃掃射は繰り返されていた。

▽8月10日、宮崎県内陸部の西小林（にしこばやし）という集落でも、一般市民が狙い撃ちされていた。米軍機は集落の上空を飛行しながら、市民をひとりずつ機銃掃射し、最後に小学生の一団に機銃掃射を浴びせたと、郷土史に記されていた。

八月十日午前九時ごろ、米軍機グラマン二機は、自転車に分乗して進行中の三名を機銃掃射し、次の瞬間にはその近くにいた女性一人を射殺した。ついで西方に飛んで、通行中の西小林小学校生徒奉仕隊の一行を機銃掃射し、アッという間に死者十一名、負傷者数名を出した。

撃ち抜かれた民家

「アメリカ軍による市民への狙い撃ち」とは、一体どのような攻撃だったのか――。

私は、小学生の一団が狙われた宮崎県の西小林に向かった。

そこは宮崎県の山間にある小さな集落だった。区長さんにお会いしてお話を伺うと、集落では当時の惨劇を語り継ごうと、毎年8月に慰霊祭を行なっていることを教えてくれた。さらに、アメリカ軍の攻撃で亡くなったご遺族の名簿が作られていることも分かった。

その名簿を頼りに、ご遺族の家々を訪ね歩くと、その時の機銃掃射で実の姉を失った女性に会うことができた。驚くことに、その女性の自宅は、機銃掃射が行なわれた現場の目の前に建っていた。しかも女性は、戦時中に住んでいた家に今も住んでいたのだ。「ちょっとお見せしたいものがあるんです」と言って、家の奥に案内されると、そこには戦争の生々しい爪痕が刻み込まれていた。

アメリカ軍が機銃掃射を撃ち込んだ痕が、家の天井のあちこちに、当時のまま残されていたのだ。直径3～4センチほどの小さな穴。天井だけでなく、家の柱までも貫かれていた。これが人間の体に打ち込まれたら、ひとたまりもないだろうと思った。

機銃掃射が行なわれた時、女性は小学校からの下校中で現場にはいなかった。しか

のどかな西小林の集落にも米軍の機銃掃射がおよんだ

し、家族からその時の様子を詳細に聞いていた。

当時自宅では、弟が庭のブランコで遊び、母と姉が掃除をしていた。いつもと変わらない平穏な日——。その時突然空襲警報が鳴り、米軍機が低空飛行で接近して、機銃掃射を浴びせてきたという。

「銃弾がだいぶ撃ち込まれています。その時、姉だけやられて——。即死じゃったんでしょうね。はらわたが出ちょったというから。母も足に機銃を受けたけど、かろうじて助かりました」

さらに隣の家でも、悲劇が起きていたと女性は語った。

「隣には沖縄から疎開してきていた、小学生の女の子が遊んじょったんですが、その子は首を撃たれて。その首が家の庭に転がっていたと聞きました」

女性が小学校から自宅に帰り着いた時、姉と母はすでに別の場所に移されていて、二人の姿はなかった。家の中にはおびただしい数の血痕が残されていたという。その後、女性は亡くなった姉の遺体に面会したかったが、父親は子供たちに対して「絶対に遺体を見てはダメだ」と言い、かたくなに会わせなかったという。姉の遺体の損傷があまりに激しかったのではないか、と女性は語っていた。

民家に撃ち込まれた米軍による機銃掃射の痕

生存者を探し求めて

その後も、遺族の家々を訪ね歩いた。どの方の話も生々しく、戦後75年が経過した今も、悲しみが癒えていないことを実感させられた。しかし「その現場にいて、機銃掃射を見た」という人には中々、会うことができなかった――。

私は遺族からさらに範囲を広げて、集落の高齢者に一人ひとり聞き込みを続けた。すると集落に長年住む高齢者から、「当時、機銃掃射を浴びて九死に一生を得た女性が、今も集落で暮らしているかもしれない」という情報が入った。女性の名前は木佐貫（きさぬき）ヒサエさん、集落の鉄工所に住んでいるという。

私はすぐに、鉄工所に向かった。そこは鋼材の加工などを行なう小さな鉄工所で、数名の従業員が忙しそうに働いていた。

「木佐貫ヒサエさんを探しているのですが」と恐る恐る尋ねると、作業場の隣の母屋で暮らす女性を紹介してくれた。その人こそ、木佐貫ヒサエさん（87歳／当時11歳）だった。

「私に何の用でしょうか」といぶかしげに尋ねる木佐貫さんに対して、私は西小林の機銃掃射の現場に居合わせた人を探し続けていることを説明した。話を黙って聞いていた木佐貫さんは、しばらく下を向いたあと、こう言った。

「確かにそこにいました。機銃掃射も受けました。あのことを体験した人は、みんな年をとって亡くなってしまって――。残っているのは、私だけだと思います」

私の心臓の鼓動が一気に高まった。ついに、一般市民を狙った機銃掃射の生存者に出会うことができた。

「その時のお話、是非改めてお聞かせください。お話しできるのは、木佐貫さんしかいません。どうかお力を貸してください」

何度も頭を下げる私に対して、木佐貫さんは「そこまでおっしゃるなら」と応じてくれた。「あなた、何だか私の孫みたいねぇ」とにっこり笑った木佐貫さんの表情が、印象的だった。

機銃掃射を浴びた女性

木佐貫さんに会うことができた喜びもつかの間、その後再び壁にぶち当たった。新

機銃掃射に巻き込まれ九死に一生を得た木佐貫ヒサエさん

型コロナウイルスが猛威をふるい、全国に初めての緊急事態宣言が出され、木佐貫さんに会えなくなってしまったのだ。もどかしい気持ちを抑えながら、それでも木佐貫さんと再会できる日を信じて、電話や手紙でやりとりを続けた。

そして緊急事態宣言が解かれた直後、撮影クルーとともに、再び木佐貫さんを訪ねた。久しぶりに会う私を、木佐貫さんは満面の笑みで迎えてくれた。「取材を受けてくださった木佐貫さんのためにも、後世に残る貴重な記録にする」そう自分に言い聞かせて、インタビューを開始した。

木佐貫さんは当時11歳、国民学校（現在の小学校）の5年生だった。アメリカ軍の機銃掃射を受けた8月10日、学校の先生に引率されながら、友達と一緒に奉仕活動（草むしり）に向かっていた。

この頃、九州への無差別空襲は激しさを増し、さらに8月6日に広島へ9日には長崎へと2発の原子爆弾が投下され、戦況は緊迫していた。しかし宮崎の山間部だった西小林は一度も空襲を受けることなく、この日もいつもと変わらない平穏な日を過ごしていた。

そうした中、突然けたたましく空襲警報が鳴り、米軍機が低空飛行で迫ってきた。それまで一度も空襲を経験していなかった木佐貫さんは、友軍機（日本軍の飛行機）と勘違いしたという。

「子供は見たこともないような大きな飛行機でね。その飛行機を見て、『あ、友軍機だ！』と思いました。もう本当に低空だったと思いますね。手が届きそうな高さまで来たと思いますよ。ほんとに伸び上がれば手が届くんじゃないかって思うぐらいのね、低空だったと思います」

そして米軍機は、子供たちに向けて機銃掃射を浴びせてきた。それはほんの一瞬の出来事だったという。

「もう一瞬も、一瞬。本当に一瞬よ。飛行機が低空飛行してきて、私たちを射撃するまでの時間ってよう、もう本当に――。それからあとはもう大変なことですよね。大人が泣き叫ぶとか、子供が泣き叫ぶとか。『みんな隠れろー！』って。『逃げろ！』っていう声が聞こえましたね。もう本当に皆、初めてのことでもう、上を下への大騒ぎですよね。もうどうしていいか分からないという状態だった」

阿鼻叫喚（あびきょうかん）がこだまする現場。木佐貫さんも這いずりながら、道の脇に必死に逃げた。この時、木佐貫さん自身も「右の脇腹」と「足」を、撃ち抜かれていた。

「右の脇下のお乳の所を弾が通過したんです。本当に私は運が良かったんですよね。もう少し外側であれば手が無くなっていたかもしれない、もう少し内側だったら胸をやられて、死んでいたかもしれない。もう骨が見えていたそうです。腕も骨が見えていて。胸もあばら骨が見えていた。まあ命があったから幸せなほうですよね。亡くなった人は――」

そう話すと、木佐貫さんは遠い目をして、そのままで黙ってしまった。その沈黙が、当時の状況のすさまじさを物語っていた。

友人の壮絶な死

機銃掃射を受けたあと、木佐貫さんは学校に搬送された。教室には、機銃掃射を浴びた友人たちがたくさん横たわり、応急処置が続けられていた。木佐貫さんの隣には、家が近所でいつも遊んでいた、高等女学校の原田カスミさんが寝かせられていた。機銃掃射の銃弾が首の右から下腹部にかけて貫通し、お腹が膨れあがっていたという。

「銃弾が首から入ってお腹を貫通したんでしょうね。もう――お腹が膨らんでいるのが、私の目に映りましたね。お腹がこう腫れて、膨れ上がっちょったと。それが見えましたね」

駆けつけた母親は、枕元で娘の名前を叫び続けていた。

「カスミさんのお母さんが、『カスミー! カスミー! けしんなよ! けしんなよー!』って、『死ぬなよ』ということですね。『死ぬなよ、死ぬなよ』ってね。お母さんが枕元で叫びながら」

母の声に応えようと、カスミさんは口を大きくあけ、フーフーと大きく2回息をしてそのまま息を引き取った。母親は悲しみのあまり「カスミ！　カスミ！」と泣き叫び、床にうずくまっていたという。

その後木佐貫さんは、日本軍の病院に移されたが、そこでも仲の良かった友人の死を目の当たりにした。木佐貫さんのひとつ上、国民学校の6年生だった長崎（ながさき）キリさん。キリさんは足が千切れて、お腹に銃弾が入ったままだったが、かろうじて意識は残っていた。「水が飲みたい――水が飲みたい――」と絞り出すような声で訴えていたが、軍医は「水を飲ませたら死ぬぞ。飲ませてはダメだ」と、水を飲ませることを制止していた。

しかし娘を不憫（ふびん）に思った父親は、カボチャの葉っぱに水をくみ、その水を自分の口に入れて、口移しで娘に水を飲ませたという。

「お父さんが口移しにキリちゃんに水を飲ませられて。水が欲しい欲しいと言えば飲ませたいですもんね。私だって飲ませてあげたいと思う。水を飲ませてから間もなく、亡くなったんじゃないですかねえ。お父さんは『キリちゃん、キリちゃん！』って、キリちゃんに顔を埋めてたような気がするよね」

水を飲んだあと、キリさんも静かに息を引き取った。

「本当に、仲のいい友達だったからねえ。本当にもう——戦争がね、戦争を起こしたことが情けないって思います。戦争さえなければ、あんなことはないんだから」

そう言って、目に涙を浮かべていた木佐貫さん。75年経った今も、友人の死は、木佐貫さんの脳裏に焼きついていた。

日本に一般市民はいない

アメリカ軍はどんな意図で、こんな無慈悲な空襲を行なったのか。その答えを求めて資料を探し続けると、この空襲と見られる戦闘報告書が見つかった。攻撃日時は8月10日、緯度経度も西小林とほぼ一致していた。そこには、次のように記されていた。

一般市民の服装をしている男性3人に対して2回の機銃掃射を行ない、ひとりを殺害／荷馬車に乗った人に対し、1回機銃掃射／大通りを歩く150～200人の群衆に機銃掃射し、15～20人を殺害。

最後の一文が、木佐貫さんら西小林国民学校の生徒たちを狙ったものと思われる。アメリカ軍は相手が一般市民（民間人）と認識しながら、その一人ひとりに対して、容赦なく機銃掃射を行なっていたことが分かった。

なぜアメリカ軍は農村や漁村に住む一般市民までも執拗に狙ったのか――。その答えとなる重要な資料が、アメリカの空軍資料館に残されていた。

タイトルは「THERE ARE NO CIVILIANS IN JAPAN（日本に一般市民はいない）」。この資料を書いたのは、オリンピック作戦に向けて九州への空襲を行なった極東航空軍の諜報部隊の参謀だ。文書が発表されたのは、九州への無差別空襲が激化した7月で、内容は衝撃的なものだった。

日本政府は6月に「すべての男女・子供を動員し、米軍が日本を侵略しようとしたら、一致団結して抵抗を続ける」と宣言した。この宣言が出された以上、一般市民は、もはや一般市民ではなくなった。すべての男性・女性が軍隊の一員であり、性別・年齢は一切関係なくなったのだ。

この宣言のあと、手榴弾・刀・槍・棒・石などを駆使して、アメリカ軍を撃退するように指示まで出された。もはやすべての日本人が、軍隊をサポートする予備軍であり、我々アメリカ軍の「軍事的な標的」となってしまった。日本の男性・女性たちがどこに身を隠しても必ず探し出し、ひとりでも多くの日本人を殺害するつもりだ。

報告書の最後は、「THERE ARE NO CIVILIANS IN JAPAN（日本に一般市民はい

ない）」という文言を再び繰り返すかたちで、締めくくられていた。本土決戦に向けて、女性や少年まで動員し、最後の一兵まで戦う姿勢を崩さなかった日本。それに対しアメリカ軍も軍人や民間人の区別なく、すべての日本人を標的に殺害すると宣言していたのだ。

この時の状況について歴史家のリチャード・フランク氏は、次のように分析していた。

「太平洋戦争末期アメリカ軍の文書には、『我が軍が日本本土に侵攻した場合、敵対的で狂信的な日本人に直面することになるだろう。アメリカ軍は、軍人だけでなく、人口の大多数を占める一般市民とも戦うことになるだろう』という文言が頻繁に含まれるようになりました。

私たちが考慮しなければならなかった恐ろしい可能性のひとつに、オリンピック作戦が実行され、アメリカ軍が南九州（鹿児島・宮崎）に上陸した時、日本が軍隊に加え民兵（戦闘員に転向した民間人）を戦闘に参加させていたら、どうなっていたかということがあります。

日本政府は１９４５年6月に、それを実現するための動きを見せていました。『15歳から60歳のすべての男子および、17歳から40歳までのすべての女子は、偉大なる国防軍の一員であり、アメリカの侵略と戦うために、戦闘員として正規軍に加わることになる』と宣言していたのです。要するにこれは『１８００万人以上の日本人が突然、一般市民ではなく、戦闘員になる』ということを意味していました。日本の軍隊はもちろん、敵対的な一般市民にも直面するということを考えると、これはアメリカ軍にとって信じられないほど恐ろしい悪夢のシナリオです。

アメリカ軍の間では『日本本土では誰が戦闘員で、誰が一般市民なのかを区別することは不可能ではないか』と思われるようになりました。これが、極東航空軍の諜報部の参謀が報告書の中で『日本に一般市民はいない』と述べた背景です。

南九州に上陸したアメリカ兵が、日本人のように見える人間を見かけた場合、どのようにして『戦闘員か、一般市民か』を見分けるのでしょうか。彼らは、表面的には一般市民のように見えるけれど、その大多数は、日本政府が定めた規則に基づいて、戦闘員になっていました。アメリカ兵は、自分自身の命と仲間の命を守るために何をするでしょうか。『自分は戦闘員に直面している』と想定し、戦うしかないのです」

フランク氏は「この時軍人と一般市民の区別はもはや消滅し、『信じがたいほどの無差別の虐殺』が始まろうとしていた」と語っていた。私はあまりの事態に、背筋が凍る思いがした。

最後のひとりまで戦うと宣言した日本と、ひとり残らず殺すと宣言したアメリカ。日米両軍の負の連鎖は、もはや後戻りのできない最悪の状況に陥っていた。そしてアメリカ軍はこのあと、残虐極まりない作戦に突き進んでいくのであった。

第9章

憎しみの連鎖の果てに

新たな資料が見つかったバージニア州のマーシャル資料館

封印を解かれたマーシャルの肉声

米軍史上最大規模の上陸作戦・オリンピック作戦に向けて、南九州への無差別空襲で一般市民一人ひとりを狙い、さらに水面下では大規模な毒ガス作戦を推し進めていたアメリカ軍。それに対し、軍人だけでなく一般市民までも戦闘員として動員し、市民による特攻をも辞さない、一億玉砕で本土決戦に突き進んでいった日本軍。日米の憎しみの連鎖はもはや歯止めがきかない最悪の状況に陥っていたが、その流れは太平洋戦争の最終盤で一気に加速していった。

私はアメリカのリサーチャーに、オリンピック作戦を推進した米陸軍参謀総長マーシャルに関する資料の掘り起こしを依頼し続けていた。なぜ彼は、オリンピック作戦を推し進めたのか、作戦はなぜここまで拡大していったのか——。

作戦を推進した当事者の声を聞くことが、オリンピック作戦、そして太平洋戦争の本質に迫る上で、極めて重要だと考えていたからだ。マーシャルがオリンピック作戦に関して語った、音声テープと映像記録、文書を何とか見つけ出したいと願っていた。

そして朗報は突然舞い込んできた。アメリカのリサーチャーからのメールには、こう記されていた。

「マーシャルの音声テープが見つかりました。太平洋戦争について語っていて、オリンピック作戦についても、分量は少ないですが語っているようです。貴重な資料です」

この時のことは、今も忘れられない。興奮のあまりパソコンの前で、「ついにやったぞ！」と思わず口ずさんでしまった。

ずっと探し求めていたマーシャルの肉声テープが、ようやく見つかった。これは間違いなく、番組を牽引する大きな柱になる。震えが止まらなかった。

マーシャルの音声テープが見つかったのは、アメリカ東部・バージニア州にある、ジョージ・マーシャル資料館だった。陸軍参謀総長として第二次世界大戦を終結させ、その後ヨーロッパ諸国の戦後復興を牽引したアメリカの英雄・マーシャル。その功績を称えて作られた資料館の倉庫の奥深くに、テープはひっそりと眠っていた。

リサーチャーのメールにはテープ起こしされた原文と、一部の翻訳が添付されていた。その内容を見て、私は衝撃を受けた。語られていたのは、太平洋戦争の最終盤に、オリンピック作戦に向けてマーシャルら米軍最高幹部が極秘で進めていた、恐るべき作戦の全貌――。アメリカ軍は南九州に対して、無差別空襲・毒ガス作戦のみならず、大量の原爆投下計画まで推し進めようとしていたのだ。

9発の原子爆弾の衝撃

音声テープが収録されたのは、太平洋戦争が終結した12年後の1957年、マーシャルが亡くなる2年前に告白したものだった。太平洋戦争末期、日本を無条件降伏に追い込むために、アメリカ軍がどんなプランを立てていたかを、驚くほど赤裸々に語っていた。

アメリカ軍は広島・長崎への原爆投下に続いて、さらに9つの原子爆弾を投下するための準備を進めていた。

日本本土最南端（鹿児島・宮崎）への上陸作戦に間に合うと考えていた。私の記憶では、上陸作戦にはアメリカ軍の3つの軍団が関わっていた。上陸する各軍団に、それぞれ3つずつ原子爆弾が用意されるはずだった。検討していたのは、上陸する前にまず原子爆弾を投下すること。その直後、援軍に駆けつける日本軍に対してもう一発投下。さらに山をこえて援軍に駆けつける日本軍にも投下する。我々の間には、そういった大胆な考えがあったのだ。

さらにマーシャルは、アメリカ軍が7月16日にニューメキシコ州で行なった、人類史上初めての核実験にも言及し、原爆投下後の被爆などの影響についても危惧していたことを語っていた。

私はニューメキシコで行なわれた核実験において、原爆投下後の影響（被爆影響）についても注意を払っていた。

なぜなら我々は、上陸前に1～2発の原子爆弾を爆破させることを検討し、援軍に駆けつける日本軍に対しても、さらなる原子爆弾を準備していたからだ。しかし、もし原爆を使わずに上陸作戦を行なえば、アメリカ軍兵士の死傷者は膨大な数にのぼり、被爆して死傷する兵士の数をはるかに上回るだろうと思い、（上陸作戦における）原子爆弾の投下を決めたのだ。

発言の中で、原爆投下による「日本側の犠牲」について述べた部分は一切なかった。マーシャルは「アメリカ軍の犠牲をいかに減らすか」だけを念頭に置いていた。

南九州への原爆大量投下へ

マーシャルが南九州への原爆投下を検討していた頃、アメリカ軍内部の状況が緊迫していたのは、第7章で述べた通りだ。

本土決戦に向けて日本軍が九州兵力を急拡大させているという情報が入り、上陸推進派のアメリカ陸軍と上陸反対派の海軍が真っ向から対立。オリンピック作戦の代替案まで検討され始めていた。

８月６日に広島に原爆が投下され、９日に長崎にも投下された直後の８月12日にマーシャルは、陸軍情報部長のクレイトン・ビッセル少将から、情勢判断を受け取っていた。そこには「大規模でよく訓練されていて、十分な装備をもった、負け知らずの日本の地上部隊は、日本本土における連合軍の上陸作戦に対して、頑強で狂信的な抵抗を行なうことが可能であり、連合軍に深刻な人的損害をもたらすかもしれない」と予測されていた。ビッセルは「広島と長崎に投下された原子爆弾が今後30日間、（終戦に導くような）決定的な影響力をもつことはないだろう」と見積もっていた。

こうした極限状況の中で、マーシャルはオリンピック作戦をさらに推し進めるために、南九州への原子爆弾の大量投下を検討し始めていた。そしてマーシャルのもと、部下たちも動き始めていた。

今回それを裏付ける、貴重な資料が見つかった。陸軍における作戦担当参謀次長のジョン・E・ハルと、原爆開発計画（マンハッタン計画）の中枢にいたL・E・シーマン大佐が、「南九州への原爆投下作戦」について極秘で語っている会話の記録が発見された。会話が行なわれた日時は、広島・長崎に原爆が投下され、マーシャルが情勢分析を受け取った直後の、8月13日午後1時25分となっていた。

その内容は、冒頭から衝撃的なものだった。

ハル　マーシャル将軍が『原子爆弾をどのように利用するか』を検討するため、原爆開発の進捗状況を知りたがっておられる。私の記憶では、8月23日に（広島・長崎に続く）もう1発の爆弾が用意できるはずだが。

シーマン　その準備はすでにできていて、指示を待っている状況です。

ハル　問題は、その原爆を予定通りに使用するか、我々の次なる上陸作戦に向けて使用するかだ。日本の降伏に向けて2発の原爆を投下し大きな影響を与えたが、果たして日本が降伏するか――。当初の予定通りに原爆を落とすか、上陸作戦を後押しするために原爆をとっておくか。今まさに、検討すべきだとマーシャル将軍は考えておられる。

マーシャルは、広島・長崎に原爆が投下されたあと、3発目の原爆を日本の別の都市に投下することで本当に終戦に持ち込めるか、大きな疑念を抱いていた。それゆえに、追加生産される原爆をストックしておいて、来たるべき上陸作戦の直接支援のために使用する、代替戦略について調査するようにハルに命じていた。

そしてハルとシーマンの会話は「原爆をいつまでに、どれくらい作れるか」という、より具体的な議論へと入っていった。

ハル　現在の（原爆製造）の計画を知りたいのだが――。

シーマン　計画としては、最大限に生産できる状態を整えています。現在、送り出せる原爆は1個です。

ハル　今すぐ命令をくだしたら、いつ準備できるか？

シーマン　準備完了日は木曜日です。8月19日には投下することが可能です。9月の初旬には、もう1個準備ができます。3個は確実に用意ができます。9月中旬～下旬に4個目を用意できる可能性があります。

ハル　10月には、何個製造することができる？

シーマン　10月はおそらく、3個です。

ハル　3個は確実に準備できて、9月末までには4個できるかもしれない。10月には3個が追加可能で、おそらく「合計7個の原爆」を用意することが可能ということだな。その情報がほしかった。

この会話に基づけば、8月13日の時点で、アメリカ軍は広島・長崎に続く3発目の原爆をすでに製造していて、8月19日は投下可能な状態にあった。さらに原爆の量産体制を整えていて、オリンピック作戦が決行される11月1日までには、少なくとも〝7発もの原爆〟が用意さ

陸軍作戦担当参謀次長
ジョン・E・ハル

原爆開発の中枢にいた
L・E・シーマン大佐

れる可能性があったということになる。

広島で14万人、長崎で7万人の命を一瞬にして奪い、町をまるごと壊滅させた原子爆弾。その原爆が、南九州に7発も投下される可能性があった。あまりに常軌を逸したアメリカ軍の作戦に私は絶句した。原爆の個数を淡々と語り続ける当時のアメリカ軍幹部の人間性を失った姿に、戦争の底知れぬ恐ろしさを見た気がした。

製造できる原爆の個数の確認が終わったあと、ハルとシーマンの会話はさらに、核心へと迫っていった。「製造した原爆をどのように利用するか」という問題である。そこでハルは、上陸作戦における原爆の利用方法について、次のように言及していた。

ハル　もし日本が降伏しなかった場合、原爆が製造できるたびに運び出して（別の都市に）連続して投下するか、もしくは投下せずにストックしておいて短期間ですべて投下するか、検討しなければならない。これらはもちろん、我々がどんなターゲットをめざすかによる。日本の産業や心理ではなく、上陸作戦にターゲットを絞るべきではないかと、考えているのだが――。

シーマン　原爆を〝戦術的〟に使用することに近いですね。

ハル　そうだ。君の考えはどうだ？

シーマン　これに関しては研究しましたが、米軍兵士は6マイル（約10キロ）離れていなければなりません。航空部隊が、想定するポイントの500フィート（約150メートル）以内に投下できるかどうかも、今のところ定かではありません。それほどピンポイントには、投下できないのではないかと思われます。米軍兵士を送り込んだり配置したりするのは、危険な賭けです。

ハル　上陸するその日に、投下しようとしているのではない。2～3日前に、投下するかもしれない。ある海岸に上陸するプランがあるのだ。後方にはとてもいい道路が走っていて、日本の師団や連隊が潜んでいるかもしれない。上陸する1～3日前に、それらの日本軍を壊滅させたい。米軍を上陸しやすいようにするために、師団や通信センターを壊滅させることを考えているのだ。

シーマン　それは現段階の開発状況では、好ましい利用方法です。

ハル　いずれにせよこれからの10日間で、日本は降伏するかしないか、決断をするだろう。私の考えでは、次なる原子爆弾を（別の都市に）落としても、降伏への心理的効果はないと考えている。もう少し時間を置いて、1～3発まとめて投下したほうがいいのではないか？　グローブス将軍の見解も伺ってみたい。

ここで二人の会話は終わっていた。原子爆弾を別の都市に落とすか、オリンピック作戦で使用するか。アメリカ軍内部で議論が続いていたことが明らかになった。

戦争終結のため正当化された原爆

戦争終結のためとはいえ、なぜマーシャルらはここまで残虐な作戦を考えるに至ったのか。その答えを知りたくて、私はリチャード・フランク氏にその疑問をぶつけた。

フランク氏は、マーシャルが原子爆弾の大量投下に踏み出した背景に、太平洋戦争末期に増加の一途をたどっていた「米兵死傷者」が大きく影響していたと説明してくれた。

「アメリカ軍の全死傷者の75パーセントは、1944年6月以降に発生しています。また、アメリカ海兵隊の全死傷者の50パーセントは、1945年2月から6月の間に発生しています。このような膨大な数の死傷者と死傷者の発生率が高くなっているという事実に直面してマーシャルは『米兵死傷者の数を減少させるためにどのような措置を講じることができるか』という方向に急速に舵を切ることになりました」

さらに7月に米軍諜報部からもたらされた「九州の日本軍兵力が急拡大している」という情報が、マーシャルの原爆投下作戦をさらに加速させていったと語った。

「マーシャルは5、6月の時点で、すでにオリンピック作戦では米兵の死傷者が膨大な数になると考えていました。さらに無線情報によって九州の日本軍兵力の増強が進められていると判明した時、九州の日本軍と対峙するために、アメリカ軍の『戦闘力

米国内で行なわれた原爆実験

（火力）』を劇的に向上させる必要があると、マーシャルは決意しました。

彼は、オリンピック作戦のためにヨーロッパあるいはその他の地域から、さらなる兵力を集めることは、時間的に間に合わないと考えていました。唯一の代替案は、戦闘力（火力）を大幅に強化させることでした。そうした中マーシャルは、原子爆弾について検討を始めたのです」

こうしてマーシャルは、当時アメリカ軍が開発を進めていた中で、最も戦闘力の高い兵器＝原子爆弾を、オリンピック作戦に投入することを検討したという。

「マーシャルは、九州に集結していた日本軍に対して、原子爆弾を『戦術核兵器』として使用することに目を向け始めます。マーシャルがこのことを、真剣に検討していたのは間違いないと思います。なぜなら、彼に仕えていた上級参謀将校（ハル）とマンハッタン計画に携わっていた役人（シーマン）の会話記録が残されていて、マーシャルが考えていたことが詳細に説明されているからです。マーシャルは、オリンピック作戦を支援するために、製造される原子爆弾のすべてを『戦術的に使用』したいと考えていたのです」

そして最後に、フランク氏はこう述べた。

「戦争を終わらせて、米兵死傷者の増加を止めるためには『考え得るすべての手段が正当化される』とマーシャルは考えたのです。一度戦争が勃発すれば、その勢いは止まることを知らず、誰も予想もしていなかったようなあらゆる地点に、人々を導いてしまう危険性がある。そのことを私たちは決して忘れてはならないのです」

戦争を終わらせるためには、あらゆる手段が正当化される——。

この言葉が、今回私が求め続けていた答えのような気がした。アメリカも日本も自分たちを正当化して、あらゆる残虐な作戦を正当化し、あってはならない方向へ突き進んでいった。そして最終的に破滅的な結果を生み出してしまった。私にはそう思えてならなかった。

混乱を極めた終戦への道のり

目前まで迫っていた、アメリカ軍による原子爆弾の大量投下。それでも日本は、戦争を止めようとはせず、混乱は最後まで続いた。

7月26日、連合軍はポツダム宣言を発表し、敗色濃厚となった日本に無条件降伏を突きつけていた。しかし日本陸軍は、徹底抗戦を主張し続ける。内閣と陸海軍の最高幹部たちによる熾烈な攻防の末、8月14日、ついに天皇による聖断がくだされた。御前会議の場で、ポツダム宣言の受諾を決定したのだ。翌日ラジオを通して、国民に伝えられることになった。

それでもなお、不穏な事態は続いた。陸軍省の青年将校たちが、玉音放送を阻止するクーデターを企(くわだ)てたのだ。

8月14日の夜、天皇の住む宮城（皇居）では、宮内省による玉音放送の準備が進められていた。ちょうどその頃、クーデターを首謀した青年将校のひとり畑中健二少佐は、宮城（皇居）の警備にあたっていた近衛第一師団の森赳師団長に、共に決起しようと迫っていた。しかし森師団長はその要求を拒否。8月15日の午前1時過ぎに、殺害された。

直後の午前2時、殺された森師団長の名前が記されたニセの命令がくだされ、近衛兵たちは宮城（皇居）を占拠、門を封鎖してあらゆる人の出入りを止めた。玉音放送が迫る中、青年将校は玉音盤を手に入れようと、宮内省の隅々まで徹底した捜索を命じた。この時、約2000

ラジオの前で玉音放送を聞く日本国民

人の近衛兵が任務についていたが、玉音盤の捜索は、天皇が住まいとする御文庫（おぶんこ）の近くにまで及んだ。

事態が動いたのは、午前5時過ぎ。近衛第一師団を管轄する東部軍司令官が、ニセの命令が出されていたことを把握し、クーデター収束に乗り出したのだ。玉音放送阻止を企てた青年将校たちは自決。クーデターは未遂に終わった。

未完に終わったオリンピック作戦

そして8月15日、日本は終戦を迎えた。3年8カ月に及んだ日米の戦争は、ようやく終わりを告げた。当時の記録映像には昭和天皇の玉音放送を慟哭（どうこく）しながら受け入れる、国民の姿が映し出されていた。

【原文】

朕（ちん）深ク世界ノ大勢ト帝国ノ現状トニ鑑（かんが）ミ非常ノ措置ヲ以（もつ）テ時局ヲ収拾セムト欲

シ茲ニ忠良ナル爾臣民ニ告ク

朕ハ帝国政府ヲシテ米英支蘇四国ニ対シ其ノ共同宣言ヲ受諾スル旨通告セシメタリ

抑々帝国臣民ノ康寧ヲ図リ万邦共栄ノ楽ヲ偕ニスルハ皇祖皇宗ノ遺範ニシテ朕ノ拳々措カサル所曩ニ米英二国ニ宣戦セル所以モ亦実ニ帝国ノ自存ト東亜ノ安定トヲ庶幾スルニ出テ他国ノ主権ヲ排シ領土ヲ侵スカ如キハ固ヨリ朕カ志ニアラス然ルニ交戦已ニ四歳ヲ閲シ朕カ陸海将兵ノ勇戦朕カ百僚有司ノ励精朕カ一億衆庶ノ奉公各々最善ヲ尽セルニ拘ラス戦局必スシモ好転セス世界ノ大勢亦我ニ利アラス加之敵ハ新ニ残虐ナル爆弾ヲ使用シテ頻ニ無辜ヲ殺傷シ惨害ノ及フ所真ニ測ルヘカラサルニ至ル而モ尚交戦ヲ継続セムカ終ニ我カ民族ノ滅亡ヲ招来スルノミナラス延テ人類ノ文明ヲモ破却スヘシ斯ノ如クムハ朕何ヲ以テカ億兆ノ赤子ヲ保シ皇祖皇宗ノ神霊ニ謝セムヤ是レ朕カ帝国政府ヲシテ共同宣言ニ応セシムルニ至レル所以ナリ

朕ハ帝国ト共ニ終始東亜ノ解放ニ協力セル諸盟邦ニ対シ遺憾ノ意ヲ表セサルヲ得

ス帝国臣民ニシテ戦陣ニ死シ職域ニ殉シ非命ニ斃レタル者及其ノ遺族ニ想ヲ致セハ五内為ニ裂ク且戦傷ヲ負ヒ災禍ヲ蒙リ家業ヲ失ヒタル者ノ厚生ニ至リテハ朕ノ深ク軫念スル所ナリ惟フニ今後帝国ノ受クヘキ苦難ハ固ヨリ尋常ニアラス爾臣民ノ衷情モ朕善ク之ヲ知ル然レトモ朕ハ時運ノ趨ク所堪ヘ難キヲ堪ヘ忍ヒ難キヲ忍ヒ以テ万世ノ為ニ太平ヲ開カムト欲ス

朕ハ茲ニ国体ヲ護持シ得テ忠良ナル爾臣民ノ赤誠ニ信倚シ常ニ爾臣民ト共ニ在リ若シ夫レ情ノ激スル所濫ニ事端ヲ滋クシ或ハ同胞排擠互ニ時局ヲ乱リ為ニ大道ヲ誤リ信義ヲ世界ニ失フカ如キハ朕最モ之ヲ戒ム宜シク挙国一家子孫相伝ヘ確ク神州ノ不滅ヲ信シ任重クシテ道遠キヲ念ヒ総力ヲ将来ノ建設ニ傾ケ道義ヲ篤クシ志操ヲ鞏クシ誓テ国体ノ精華ヲ発揚シ世界ノ進運ニ後レサラムコトヲ期スヘシ爾臣民其レ克ク朕カ意ヲ体セヨ

【現代語】

わたくしは、世界の情勢とわが国が置かれている現状とを十分考え合わせ、非常の手だてをもってこの事態を収めようと思い、わたくしの忠良な国民に告げる。

わたくしは、わが政府をもってアメリカ、イギリス、中国、ソ連の四か国に対し四国共同宣言、ポツダム宣言を受諾するむねを通告させた。

そもそも、わが国民がすこやかに、安らかに生活出来るよう心がけ、世界各国が共に平和に繁栄していくようはかるのは、歴代天皇が手本として残して来た方針であり、わたくしの念頭を去らなかったところでもある。したがって、さきに米英二国に戦いを宣した（昭和十六年十二月八日）理由もまた実に、わが国の自存とアジアの安定を心から願ったためであって、いやしくも他国の主権を押しのけたり、その領土を侵略するようなことはもちろん、わたくしの志とは全く異なる。この戦争がはじまってからすでに四年を経過した。その間、陸海将兵は各所で勇戦奮闘し、役人たちもそれぞれの職務にはげみ、また一億国民も各職域に奉公して来た。このようにおのおのが最善を尽くしたにもかかわらず、戦局は必ずしもわが方に有利に展開したとはいえず、世界の情勢もまたわれわれに不利である。それればかりでなく敵は新たに残虐な爆弾を広島、長崎に投下し、多くの罪なき人々を殺傷し、その惨害はどこまで広がるかはかり知れないものがある。このような状況下にあってもなお戦争を続けるなら、ついにはわが日本民族の滅亡をきたすようなことにもなり、ひいては人類が築きあげた文明をもうちこわすことになるであろう。それでは、わたくしはどうしてわが子どもにひとしい国民大衆を保護し、歴代天皇のみたまにおわび出来ようか。これこそわたくしがポツダム宣言を受諾するようにした理由である。

ポツダム宣言の受諾にあたってわたくしは、わが国とともに終始アジアの解放に協力した友邦諸国に遺憾の意を表明しないわけにはいかない。また、わが国民のうち戦死したり、職場に殉ずるなど不幸な運命になくなった人々や、その遺族に思いをはせると、まことに悲しみにたえない。かつ戦傷を負い、空襲などの災害をうけて家業をなくした人々の厚生を考えると、わたくしの胸は痛む。思えば、今後わが国が受けるであろう苦難は、筆舌に尽くし難いものであろう。わたくしは国民の心中もよくわかるが、時世の移り変わりはやむを得ないことで、ただただ堪え難いこともあえて堪え、忍び難いことも忍んで、人類永遠の真理である平和の実現をはかろうと思う。

わたくしはいまここに、国体を護持し得たとともに、国民のまことの心に信頼しながら、いつも国民といっしょにいる。もし感情の激するままに、みだりに問題を起こしたり、同胞がおたがいに相手をけなし、おとしいれたりして時局を混乱させ、そのために人間の行なうべき大道をあやまって、世界から信義を失うようなことがあってはならない。このような心がけを、全国民があたかも一つの家族のように仲良く分かち合い、長く子孫に伝え、わが国の不滅であることを信じ、国家の再建と繁栄への任務は重く、そこへ到達する道の遠いことを心にきざみ、国民の持てる力のすべてをそのためにそそぎ込もう。そうした心構えをいよいよ正しく、専一にし、志を強固にして誓って世界にたぐいないわが国の美点を発揮して、世界の進歩に遅れないよう努力しなければならない。国民よ、わたくしの意のあるところを十分くみ取って身につけてほしい（読売新聞社編『昭和史の天皇

４　玉音放送まで』）

太平洋戦争で尊い命を失った、軍人・軍属そして一般市民は３１０万人。多大な犠牲の末に、オリンピック作戦は回避され、未完に終わった。

エピローグ

私たちへのメッセージ

毎年 7 月 27 日に鹿児島市内の無縁墓地で祈りを捧げる中山さん

義足で生き抜いた戦後

3年8カ月にわたる太平洋戦争が終結し、オリンピック作戦は未完に終わった。しかしアメリカ軍は九州上陸前の地ならしとして、南九州に対して無差別空襲を続け、無数の都市を焦土に変えた。数え切れない人たちが、長年暮らした思い出の詰まった我が家を焼き払われ、ともに支え合って生きてきた大切な家族を奪われ、戦後は絶望のどん底であえぐこととなった。

それだけではない。アメリカ軍の無差別空襲に被弾して、一命こそとりとめたものの、重い障害を負った人たちも数多くいた。こうした人たちは、障害によってその後の人生を大きく狂わされ、筆舌に尽くしがたい戦後を送ってきた。

第1章で紹介した、安野輝子さんもそのひとりだ。鹿児島県川内市で空襲を受け、左足に重傷を負った安野さんは、戦後義足での生活を余儀なくされた。

安野さんの取材で、私の脳裏に焼きついて離れない場面がある。それは、安野さんの若かりし頃を記録したアルバムを見せてくれた時のことだ。写真を見て、私は思わず、息をのんだ。安野さんは失った左足の部分を、すべてペンで黒く塗りつぶしていたのだ。「なぜ黒く塗りつぶしたんですか」と尋ねると、「隠したかったんだよね」とさびしそうにつぶやいた。そして、壮絶な戦後について語ってくれた。

小学校時代、松葉杖で学校生活を送った安野さんは、他の子供たちのように走り回ることができず、いつもひとりだった。

「一緒に遊べないしね。休み時間になったって、皆みたいに遊ばれへんし。砂場へ座って何かやってるぐらいで。走ったり跳んだりできないし。友達と話すって、ほとんどなかったけど」

さらに砂場でひとり遊んでいると、松葉杖を隠されるなどのいじめにも遭った。徐々に小学校から足が遠のき、本来なら思い出の1ページになるはずの運動会、遠足、修学旅行など、すべて参加することができなかった。

「運動会に参加できない、遠足も行かない、もちろん修学旅行も行けへんから。日常の学校生活もよく休むし、雨が降ったら休むし。そやからね、学校に馴染みは薄かった」

小学校時代に撮られたクラスの集合写真。安野さんは、うつろな表情で静かに前を見つめていた。その足元は、真っ黒に塗りつぶされていた。

安野さんの苦しみは、大人になっても続いた。自ら生計を立てるために、洋裁学校に通ったが、義足であることは周囲には決して明かさなかった。

「20代前半はね、もう義足をつけてましたけどね、隠していた。なんぼ隠しても分かるんだけど、その時は絶対嫌やったから。そやから『戦争で足を失ったんや』とか、そんなこと人に言うたこともないし、隠しまくってましたね」

そんなある日、安野さんは思いもよらない言葉を、投げかけられることになる。それは、義足であることに気づいた知人からの一言だった。

「『義足なのか』と尋ねられたから、『戦争でなってん』って言うたら、『戦争でなったんやったら、お金を貰ってるんだろう』と言われた。もう戦争で傷ついたなんて、絶対言わんとこうとその時思って。もうずっと隠してたんですよ。隠すのに疲れてた。隠して生きていくというのはね、しんどいんですよ――」

もちろん、国からの十分な補償は受けていない。にもかかわらず、心ない言葉を吐

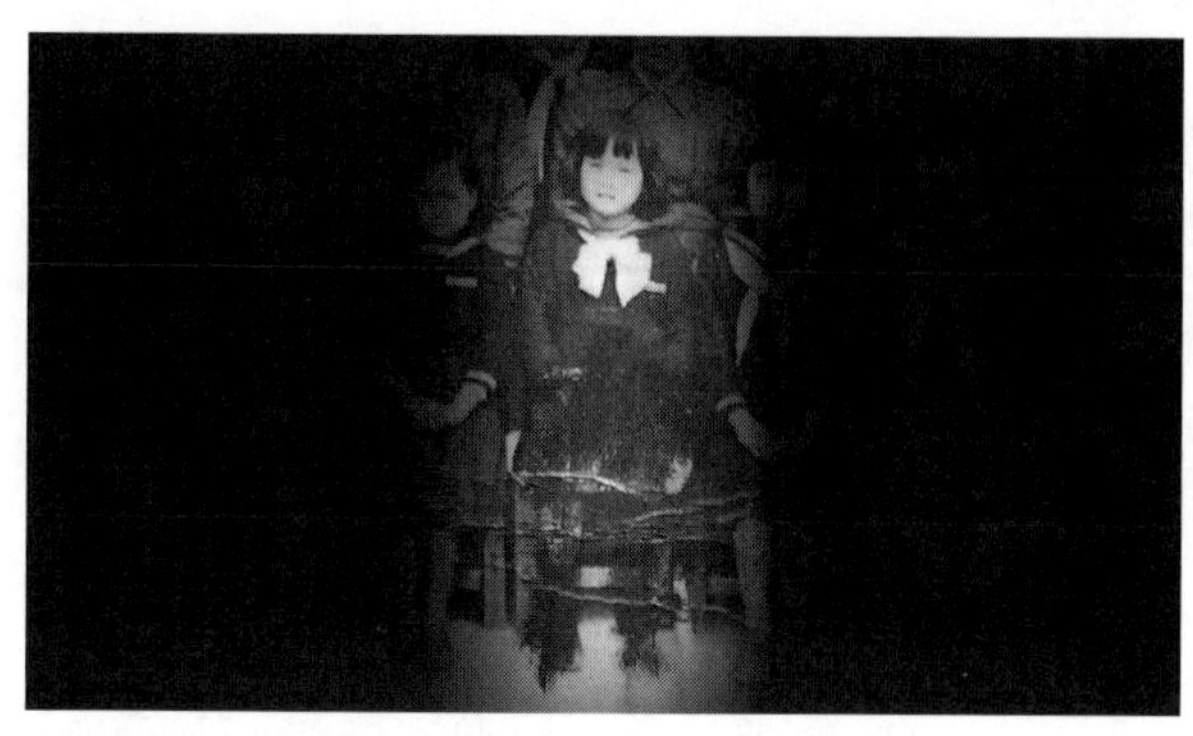

安野さんの足下は真っ黒に塗りつぶされている

き捨てられて、当時20代だった安野さんは深く傷ついた。以来、義足であることをこれまで以上にひた隠しにするようになり、好きな人ができた時も、人知れず恋を諦めたこともあったという。

なぜ何の罪もない自分が、こんな目に遭わなければならないのか。ある時、たまらなくなって、母親に怒りをぶつけたこともあった。

「母に『戦争さえなかったら、こんな辛い目に遭うことなかったのに』って私言うたんですよ。ほんで『何で戦争に反対してくれへんかったん?』って、もう自然に言葉が出てきましたね。そしたら母は『始まったら坂道を転げるようにね、戦争に突っ込んで行った』と言ってましたわ。『だから何の防御もでけへんかった』って」

　そして安野さんは、寂しそうにこうつぶやいた。

「家も足も奪われた。父も還ってけえへんかったし、叔父も亡くなって、大切なものすべて、戦争に奪われたなと思ってね。夢も希望も、奪われたなと思いましたわ。戦争——。本当に夢も希望も無くなりましたもんね」

　戦争によって、すべてを奪われた安野さん。絶望の淵にいた20代の頃に撮られた写真もまた、足下は真っ黒に塗りつぶされていた。それはまるで、苦しみにさいなまれる当時の心中を映し出しているようだった。

　そして、安野さんは「闘いの人生」に身を投じていくことになった。30歳を過ぎた頃、母親の勧めで空襲被害者への国の補償を求める集会に参加し、自分と同じように苦しみを抱えながら生きている人が大勢いることを知り、ともに声をあげていくことを決意したのだ。

　以来およそ50年という長きにわたり、安野さんは空襲被害者を救済する立法の実現に奔走してきた。その間、ともに声をあげてきた仲間は次々と他界していった。それでも安野さんは、80歳を超えた今なお、活動を続けている。

「何が安野さんをそこまで突き動かしているんですか？」と尋ねると、安野さんは「お金のためではないんです、これからの時代を生きる子や孫の世代のためなんです」と、私の目をまっすぐに見つめて答えてくれた。そして、自分のような人間を二度と出したくないと切実に訴えた。

「私みたいに同じ目に遭わしたくないもん、誰も。再び戦争が起こったら、私らみたいなんができるわけじゃないですか。だから、二度と戦争を起こさせないために。私と同じ目に誰にも遭わしたくないって、そういう思いで活動を続けている。こんなことを私らが黙ってたら、また繰り返される。伝えていくためにも、再び戦争を起こさせないためにも」

これまで出会ってきた戦争体験者の方々はいつもそうだった。人一倍苦難の人生を生き抜いてこられたからこそ、人一倍やさしくて思いやりがあって、自己犠牲の精神に溢れている。安野さんもまさに、そういう人だった。私は胸がぐっと締めつけられて、思わず目頭が熱くなった。

そんな私をやさしい眼差しで見つめながら、最後に安野さんはこう語った。

「本当にみんな、庶民は虫ケラのように踏み潰されていきましたね。だからかろうじて私だけ命がつながったけど、沢山の人が傷つき殺されてね――。私も皆殺しに遭うひとりやったんかもしれへんけど、ひとりでも誰でも生き残って、何かやっぱり言わんとあかんわね。伝えていかなければね」

私の目をまっすぐに見つめて、凛として語られたその言葉。安野さんの「人生の最後まで命を懸けて闘う」という、強い決意を感じた。私は安野さんの手をしっかりと握り、「お会いできて本当に光栄でした。どうかお元気でいてください」と伝え、安野さんの住む大阪のご自宅をあとにした。安野さんは去りゆく私たちに、ずっと手を振ってくれた。

私たちも安野さんに手を振り、別れを惜しんだ。

亡き妹の眠る無縁墓地へ

もうひとり、癒えることのない深い傷を抱えながら、戦後を生きてきた人がいる。

第3章で紹介した、鹿児島駅の空襲で妹・京子さん（享年13歳）を失った中山秀雄さんだ。空襲のあと、三日三晩駅の周辺や遺体安置所を探し回ったが、京子さんの遺体はどこにも見つからなかった。

その後も何か情報があれば、捜索しに行ったが、京子さんと再会することはできなかった。ならばせめて、当時京子さんが持ち歩いていた「トタンの弁当箱」だけでも見つけ出したいと探し続けたが、その弁当箱さえも見つかることはなかった。

それでも諦めることができなかった中山さんは戦後仕事の合間をぬって、情報収集に奔走した。そして、鹿児島市に身元不明の遺骨を集めている墓地があることを知らされた。その中には、鹿児島市の空襲の焼け跡から集められた遺骨も含まれているという。

以来中山さんは、鹿児島駅の空襲があった7月27日になると、毎年必ずその無縁墓地に足を運び、妹のために慰霊を行なってきた。私は中山さんとともに、その墓地に向かった。

いつも中山さんはバスで、この地を訪れる。そして、バス停からほど近い花屋さんに立ち寄り、京子さんに手向ける花を買う。一緒に行った日も馴染みの花屋さんで、黄色が鮮やかな菊の花を購入した。

そこから墓地まで、200メートルほどの坂が続いていた。90歳を超えた中山さんにとって、この長い坂を歩いて登っていくのは容易ではない。しかも中山さんは、かつての病で肺の片方を失っているため、息切れも激しい。娘さんたちからも「もう行かない方がいいのではないか」と、何度も止められているそうだ。それでも中山さんは、京子さんとの別れとなった7月27日になると、妹を思い返し、どうしてもこの場所に足を運んでしまうという。

「『自分の体力を考えなさい』と娘たちに言われて、『もう来年からやめたら』って言われているんですけど、やっぱり7月27日になると来てしまうんです。あそこにバスが停まって、ずーっと上り坂ですけどね。途中で何回か休憩しながら、フーフー言いながら、やっぱり来るんですね。27日になると自然と足が向いてくるんです。私がひとり生き残ってるから、『まあ、頑張らないかんね』と思ってですね」

この日も中山さんは、その長い坂をゆっくりゆっくり、自らの足で歩きながら、墓地まで向かった。途中で何度も休憩し、時に空を仰ぎながら、それでも京子さんが眠ると信じている墓地をしっかりと見すえて、一歩一歩歩んでいた。

激しく息を切らしながら、中山さんはようやくたどり着いた。「ここなんです」と言われたその場所を見て、私は言葉を失った。

そこは、公衆トイレの隣で、いたる所に雑草が生い茂る、荒れ果てた場所だった。小さな仏像が一体だけ安置されていたが、背後に遺骨を収めているコンクリートの建物があるため、光が完全にさえぎられ、とても薄暗くて寂しく感じられた。

ここに京子さんをはじめ、戦争で亡くなった方々が眠っているのかと思うと、言葉にならない複雑な感情がこみ上げてきた。社会から忘れ去られているように思えてならなかったのだ。

しかしその場所で、中山さんは祈りを捧げようとしていた。水道で水をくみ、仏像を丁寧に洗い清めた。そして、花屋で買った菊の花を花瓶に挿した。慰霊の準備を整えたあと、腰を下ろして手を合わせた。

合掌を終えた中山さんはすっと立ち上がり、やさしい眼差しで仏像を見つめていた。そして静かに目を閉じ、黙禱を始めた。それからどれくらいの時間がたっただろうか。静寂の中で、いつまでも黙禱は続いた。その姿はまるで、再会が叶わなかった亡き妹と対話をしているようだった。

その光景を、私は必死に目に焼きつけていた。こうやって中山さんは、戦後75年もの長きにわたり、人知れず祈りを捧げてきたのだ。その中山さんの歳月を思い、そして、こうした人たちが日本中に幾万もいることを思うと、やるせない気持ちでいっぱいになった。「これが戦争なのだ」と、思い知らされた。

祈りを終えた中山さんは、私たちにこう語った。

「『兄さんは男じゃったって、気張らないかんど』って言われた言葉がずっと残ってますからね。それなのに、自分だけ先に逝っちゃってですね。それで、『ごめん、俺ばっかり残って』ってお参りに来るんです」

いつも気張れ頑張れと、兄を励まし続けてくれた妹。大切な人の言葉を胸に、中山さんは戦後を生きてきた。自分だけが生き残ってしまったことに、時に身につまされながら、それでも妹の分まで懸命に生きてきたのだ。

「それじゃ、私行きますね」と言って、中山さんは墓地をあとにした。夕暮れに照らされた長い一本道を、ゆっくりと一歩ずつ歩く、中山さんの小さな後ろ姿。その姿を、決して忘れまいと、姿が見えなくなるその瞬間まで見つめ続けた。

マーシャルからの遺言

太平洋戦争に敗北し、戦後も深い傷を抱えて、長い歳月を生きた日本の人々。一方で戦争に勝利したアメリカでは、ある人物が英雄と称えられていた。米陸軍参謀総長としてオリンピック作戦を推進した、ジョージ・マーシャルである。

アメリカを勝利に導いたと称えられ、戦後は国務長官、国防長官を歴任した。さらにヨーロッパの戦後復興計画マーシャル・プランを立案して、ノーベル平和賞も受賞していた。無差別空襲・毒ガス・原子爆弾で、日本を壊滅に追い込もうとしていた男が、ノーベル平和賞まで受賞し、平和の象徴となっている。何とも表現しがたい〝歴史の皮肉〟を感じざるを得なかった。

そのマーシャルの功績を称えて創設されたジョージ・マーシャル資料館には、亡くなる2年前にマーシャルが語り遺した肉声テープが、今も眠っている。

太平洋戦争は、なぜここまで拡大したのか。オリンピック作戦は、なぜここまで残虐化してしまったのか――。私はその答えを、取材の中でずっと探し求めたが、マーシャルの録音テープの中には、その答えともいえる言葉が吹き込まれていた。それはまさに、今回の番組の核心をつくものであった。

私たちは沖縄でとても苦い経験をしていた。
他の太平洋の島々でも同じような経験を繰り返していた。
日本人は絶対に降伏することなく、死ぬまで戦い続ける。
一般市民までもが、アメリカ軍に降伏するよりも自ら死を選ぶ。

沖縄戦では12万人の日本人を殺害したが、日本は降伏しなかった。
東京大空襲では一晩で10万人を殺害したが、何の影響もなかった。
日本の都市を壊滅させても、日本人のモラルにはまったく影響しなかったのだ。

もし日本本土決戦（オリンピック作戦）が行なわれたら、日本の抵抗はもっとすさまじいものになっていただろう。とてつもなく過酷な戦いが続き、多くの命が失われただろう。だから我々は、大きなショック（原子爆弾）を与え、日本を降伏に向かわせるしかなかったのだ。

軍人・一般市民の区別なく、最後のひとりになるまで、抵抗を続けようとした日本。そうした狂気ともいえる精神構造が、マーシャルをはじめとするアメリカ軍の闘争本能を暴走させ、破滅的な戦いへ突き進んでいった。互いを憎しみ、殺し合う、終わりなき負の連鎖を、もはや誰も止めることはできなかったのだ。

収録されたテープの中で、マーシャルは声を乱すことなく、終始淡々と語り続けていた。しかし一カ所だけ、語気を強めて語っていた部分があった。

それは、最後の「ｓｈｏｃｋ（ショック）」という言葉だった。このショックとは、原子爆弾投下のことをさすが、とても息荒く力強く語っていた。「戦争を終わらせるためには、原爆投下は必要だったのだ」と言わんばかりの、マーシャルの揺るぎない決意が表れていた。

しかしそのアメリカの精神こそが、今も世界各地で絶え間なく戦争が続く、その源流のような気がしてならなかった。

ラストメッセージ

気づけば、私の取材は1年近くに及んでいた。その一番最後に撮影したのは、第6章で紹介した、爆雷を背負って戦車に突っ込む訓練をしていた前橋竹之さんだった。前橋さんが私たちに語ってくれた、今も忘れられない終戦のエピソードがある。それは当時国民全体で戦争に身を投じていった日本を象徴するような出来事だったが、その内容を最後に記して、本書を締めくくりたいと思う。

8月15日。前橋さんは衣服などを取りに、久しぶりに実家に戻っていた。その時、家族とともに終戦の玉音放送を聞いた。

「おふくろが『重要なラジオがあるから起きろ』って言って、飛び起きた。12時に玉音放送を聞くんです。その放送は雑音が入って『忍び難きを忍び……』という部分しか聞こえなかった。だけど、〝日本が負けた〟っていうことは分かりました」

前橋少年は家を飛び出し、川に向かって大声で叫んだ。

「家の前に川があるんですよ。そこで『バカヤロー！　何だー、この戦争はー！』って言って。石を投げて。もう頭が真っ白になったんです。それで家に帰って来て、畳の上に茫然として寝転がって、ふと思いました。『三角兵舎に帰ろう』って」

所属していた軍隊の兵舎に帰ろうとする前橋さんを、家族は全力で止めたが、その制止を振り切って、前橋さんは兵舎へと向かったという。

「『お母さん、三角兵舎に帰るよ』って言うと『日本は負けた、もう行かなくていいんだ』って、祖母と母が止めるんです。『駄目だ』って。それでも私は『仲間たちがいる、最後までみんな一緒に過ごしたい』と言って兵舎に向かいました。夕方でしたけど真っ暗でした。道も見えなくて。ひとりで泣きながら、棒で叩きながらやっと兵舎に着きました。

それでみんなに『日本は負けた』って言ったら、仲間たちは『俺たち家に帰れる！』って大騒ぎになって。その騒ぎを聞きつけて、連隊の指揮官が来たんです。『日本が負けたと言ってるのは誰だ！　出て来い！』って。皆私のほうを見ます。パーンと殴られてね。その時指揮官が言いました。『日本は負けたんじゃない。ポツダム宣言も受諾して、戦争を終結したんだ。負けたんじゃない。戦争を終わらせたんだ』って。私を叩きながら、指揮官は泣いていました。泣きながら言ってましたから」

そのあとに行なわれた、学徒義勇戦闘隊の解散式。前橋さんを殴った指揮官は、まったく別人のようになっていたという。

「みんな整列して、隊長の話を聞きました。私を殴った隊長が全然変わっていて。『ご苦労であった。君たちは大変だっただろう』って。『日本はポツダム宣言を受諾して、戦争は終結した。君たちは早く家に帰って、元気な姿をお父さんやお母さんに見せろ。ご苦労であった。さよなら！』って言われました。そして私たちも『さよならー！』って言って、敬礼をして別れたんです」

語り終わった前橋さんは、何かもの悲しそうに、遠い目をしていた。そして、「みんな洗脳されてたんですよね――」とつぶやいた。日本全体が、戦争に突き進んだ時代。前橋さんも、隊長も、皆それが正義だと信じて疑わなかった。しかしその全体主義こそが、戦争の最も恐ろしいところなのだと、前橋さんは警告した。

「戦争は『ドミノ倒し』だと思うんです。いっぺん何かが崩れると、ばばばばばーと崩れていく、全部。バンバンバンバンバンと広がっていって、それに対して、個人の意見が抹殺される。反対すると非国民になっちゃう。もう雁字搦めになってしまう。みんな感覚が麻痺して、ひとりの個人の意見とか自由とか、そういう人権とか、そういうものが全然無視されていて。国家そのもの、国体、国の維持、そっちのほうが中心になってきて。一人ひとりの人間の人格、人間の命というものが盾になってしまう。それをドミノ倒しと僕は思っているんですけどね。いっぺんに崩れるものは止められない」

戦争は一度始まると誰にも止められない。無限に拡大して、最後は何の罪もない市民が犠牲になる。そのことを、前橋さんは身をもって、私たちに伝えてくれた。

そして最後に、こう語った。

「あのね、あれは75年前の戦争ではなくて、今でも何かの拍子で起きるような気持ちもするんですよ。何かが崩れると、ばばばばばーと、戦争に向かってしまうんじゃないかってね」

今も戦争の火種が世界各地でくすぶり、米中間では一触即発の衝突が起きかねない緊張状態が続いている。あれは決して過去の戦争ではない、今も十分に起こりうる。だからこそ「どうか私たちの戦争体験を忘れないでほしい」と、訴えかけられているようだった。

すべてのインタビューが終わったあと、前橋さんは晴れ晴れとした表情をされていた。そして私の手を力強く握って、こう語りかけてくださった。「人生最良の日でした」。その言葉にどんな意味が込められていたのか、真相は今も分からない。それでも私は、〝大切なバトン〟を渡された気がした。これからの時代を生きる私たちが、平和な時代を作っていかなければならない。その決意を新たにして、私の長きにわたるオリンピック作戦の取材は、終わりを告げた。

あとがき

NHK鹿児島放送局　チーフ・プロデューサー　諏訪(すわ)　奏(すすむ)

戦争の「本質」にどれだけ迫れるか

番組制作の過程で、最も衝撃を受けた言葉がある。その言葉は、太平洋戦争当時のアメリカ航空部隊の機密文書に残されていた。

「THERE ARE NO CIVILIANS IN JAPAN（日本に一般市民はいない）」

国民一人ひとりにまで、アメリカ軍と戦うことを求めた日本の軍部。そうした「総動員体制」に得体の知れぬ恐怖を感じ、敵の殲滅へと突き進むアメリカ軍中枢部――。いかにして戦争の中で「狂気」が正当化され実行され、戦争の負のスパイラルへと突き進んでいくのかを、まさに象徴する言葉であった。その経過をつぶさに追い、見つめていこうというのが今回の番組の主眼である。

太平洋戦争関連の番組取材や制作に携わる者の避けて通れない大きな課題が、「（終戦から）75年」という時間の重さである。当時の作戦立案の責任者たちは勿論、海外の戦地に赴(おもむ)いていった若き兵士たち、さらには幼少期に空襲などを体験した方々からお話を聞くことさえ年々困難となる中、証言を記録することは我々にとって最重要と言っても過言ではない課題となっている。

そして今後は「肉声」が聞けない時代の中で、どのようにして「二度とあの惨劇を引き起こしてはならない」というメッセージを発していくことができるのか。状況は日々深刻化している。

そんな状況にもかかわらず、今回の番組で中津海法寛ディレクターは「オリンピック作戦」に関連する南九州地域の空襲の状況を綿密に調べ上げ、そこから何人もの「体験者・犠牲者」の方にたどり着き、その悲惨な体験を生の声とともに記録することができた。突如姿を現した米軍機の超低空からの機銃掃射で一瞬にして多くの友人を失い、本人も身体を撃ち抜かれた女性。鹿児島駅に投下された高性能爆弾で妹を失った男性の話――。

それぞれの人生の中で胸の奥底に眠らせていた悲惨な体験の記憶を75年の年月を経て呼び起こし、言葉にしていくことがいかに苦しいことか。今回、「後世のために」と取材に協力をいただいた皆様に、この場を借りて改めて深く御礼申し上げたい。

こうした貴重な証言を軸とし、被害者・犠牲者による「証言集」としてまとめたとしても、恐らく重厚な番組として十分成立したであろう。

しかし私たちは、番組制作に具体的に取りかかるに当たり、ここで敢えてもう一段高いハードルを設定し、そのクリアに挑戦してみようという目標を立てた。

そのハードルとは、「単に鹿児島地方で起きた悲劇の物語として終わらせるのではなく、全国放送に通用する普遍性を求めること」。それは、「戦争とは一体何なのか」という根源的な問いに迫ってみようというものであった。

マーシャルの言葉の衝撃

かくも高尚な目標を掲げたものの、一体どうすれば実現できるのか？　突破口となるものは何なのか？　様々な資料や文献の大海の中に漂う日々だけが過ぎていった。そんな時、ふと一枚のアメリカ高級軍人の写真に目が止まった。

見るからに謹厳実直そうなその風貌——。アメリカ陸軍参謀総長、ジョージ・マーシャル。対日戦争計画推進の中心的人物である。

調べると、戦後は中国で国民党と共産党の間で調整役として活動し、さらにヨーロッパ復興計画「マーシャル・プラン」の立案・実行の中心人物として奔走していた。その功績が認められ、1953年にノーベル平和賞を受賞しているという。

戦争・復興・平和を推進してきたこの人物に迫れば、「何故アメリカはあの史上空前の殲滅作戦を企画し、その実行に固執したのか」「その背景には何があったのか」をひもとくことが可能となる。また、そうした疑問をつぶしていくことで、戦争の本質の一端が何か見えてくるのではないかという仮説を立てた。

そこで早速、これまで「NHKスペシャル」をはじめ数々の大型番組に協力していただいてきたアメリカ在住のリサーチャー(柳原緑氏)の力を借り、マーシャルの〝戦争観〟が分かる資料の掘り出しや、専門家へのインタビュー取材の交渉を進めてもらうことにした。しかしリサーチを開始して間もなく、アメリカ全土を新型コロナウイルスの猛威が襲う。

取材や撮影が延期を余儀なくされるなど大きな制約を受けることとなったが、それでも地道なリサーチを続けていただいた結果、たどり着いたのがバージニア州のマーシャル資料館の倉庫の奥にひっそりと眠っていた、本人の肉声テープだった。いよいよ編集が始まろうという2020年6月のことだった。

写真の風貌通りの、威厳に包まれた声。冷徹ささえ感じる、落ち着いた低い声から次々と語られていく衝撃の事実。そしてそこから伝わってきたのは、いくら叩き潰しても決して降伏しない、亡霊のような得体の知れない存在としての日本・日本軍への底知れぬ恐怖だった。

また、アメリカ国内の反戦に傾きつつある世論を踏まえて、いかに戦争をローコストで終結させるかという冷徹なまでの合理主義的な戦争観も見て取れた（無論、そのテープの中で、戦地や空襲で阿鼻叫喚の地獄を味わう市民や兵士に対する言葉はなかった）。

一方、当時の日本軍は、曖昧（あいまい）な責任体制のもと、戦局が加速度的に悪化する中でも国民を国体護持の「盾」とする無謀な作戦を次々と実行していく。

こうした日米双方の戦争政策を照らし合わせていく中でおぼろげながら見えてきたのが、「一度始めてしまうと、負のスパイラルに落ち込むように残虐性を増していく」戦争の実態であった。

「起きていない」戦闘をどう扱うのか？

そして、私たちにはもうひとつ、大きな課題が横たわり続けていた。それは「実際には起こっていない作戦を、どう伝えれば良いのか」という点であった。

現実には発生していない事象をいかにも起こったように描くことは勿論不可能であるし、一方でいくら「凄い規模の大作戦だった」と繰り返しても「でも起きていないではないか」と反論されてしまえば、それまでである。

しかし、負のスパイラルとしての戦争のまさに最終形とも呼べるこの作戦を通して、「二度と戦争を起こしてはならない」というメッセージを、リアリティをもって何とか表現したい――。

そんな課題を克服する鍵となったのは、やはり綿密な取材に基づく資料や証言、映像といった事実の積み上げであった。オリンピック作戦の実行に先立ち南九州地域で展開された「地ならし」としての無数の空襲、そしてその体験者の時には耳をふさぎたくなるような生々しい証言。さらには「防空壕」をめぐる日米の駆け引き。

作戦決行に向け、事前に水面下で起こる生々しい事象に戦慄を覚えつつも、次々と発掘される資料に勇気づけられていった。

アメリカで発掘した、防空壕を破壊する空爆実験（スフィンクス・プロジェクト）や毒ガス実験の映像は「まさにこうした攻撃が行なわれようとしていた」ことを衝撃的に語っている。また専門家へのインタビューも、国家の戦争方針や立案者の心情を理解・補完する上で極めて大きな意味を果たしてくれた。

そして航空部隊の機密文書に記されていた〝THERE ARE NO CIVILIANS IN JAPAN〟の言葉と、マーシャルの肉声テープはまさに「果てなき殲滅戦」の世界を如実に言い表していた。こうした資料に出会った時の慄然とした気持ちは、今も脳裏から離れない。

視聴された方々の声

今回は地上波では鹿児島県域放送及び九州沖縄ブロックで放送され、またＢＳ１で全国放送されたが、全国各地の様々な年代の方々から「オリンピック作戦を初めて知った」「戦争は絶対に起こしてはならないという思いに直結できる構成だった」などの反響があった。

印象的なものとしては、「戦争は当事者のどちらか一方が悪・善という単純な図式ではなく、双方の視点を踏まえて見る必要があると考えさせられた」といった日米双方の視点描写が理解を深めたというご意見があった。

また、「戦争の犠牲となった市民の苦しみをミクロで丁寧に描きながら、国と国との戦いをマクロでダイナミックに論じる素晴らしい特集であった」といった立体的に事象をとらえるスタンスへの評価、「もし終戦がもっと先延ばしされていたとしたら、ということを考える機会がなかったことに気づかされた。まだまだ違った切り口もあるのだということを教えて貰ったと思う」という感想もいただいた。

我々が番組制作を開始する際に掲げた「挑戦」がある程度成果を上げたのではないかという安堵感とともに、ご覧いただいた方々からの言葉の一つひとつが非常に示唆に富み、改めて我々があの戦争を伝え続けなくてはならない理由を教えていただいたと思った。

時は過ぎ去れど、資料は今も語り続ける

ＮＨＫは毎年終戦の日や広島・長崎への原爆投下、日米開戦の日に合わせ、「ＮＨＫスペシャル」を中心に数多くの戦争特集が編成される。

昨年は未曽有のコロナ禍により、多くの番組で海外取材を断念せざるを得なかったり、制作方針の転換を余儀なくされたりするといった事態が起きた。そのような状況の中、この番組は中津海ディレクターを中心に、在アメリカの柳原緑リサーチャー、山崎優輝（やまざきゆうき）カメラマン、笹原智裕（ささはらともひろ）音声マン、牛島昭（うしじまあきら）編集マン、その他様々なスタッフの熱意、そして番組の趣旨に賛同してくれた取材相手の方々のご協力により、幸いにも大きな修正を求められることもなく、完成に至ることができた。このようなプロジェクトの末席を汚すことになったことを、この場を借りて感謝申し上げる。

今回の制作を通じて改めて実感したことは、事実を積み重ねることの重要性である。それは膨大な資料との格闘、新たな事実を伝える資料や証言の獲得など、地味で根気がいる作業である。しかし「真実に、本質にできるだけ迫りたい」という真摯な思いがあれば、何らかの道は開けるということを再認識させられた。

今年は終戦から76年、体験者の証言を伺う機会は更に厳しくなっているが、一方でまだまだ眠っている資料は数多く残されており、そこには今まで語られてこなかった戦争の「真の姿」を雄弁に語るものもあるのではないか。地球のどこかにひっそりと眠る資料が、「いつ発見してくれるのか」とその日を待ち望んでいるような気がしてならない。

本書には、番組では十分に伝えきることのできなかった証言者の方々の戦後の壮絶な人生や、失ったものは二度と返ってこない無念さ、そして信念とまで感じられる不戦への強い意志が克明に記されている。その一方で詳細に描かれる、狂気としか言いようのない無謀な作戦が、人間的な感情が排除された空間で立案されていく様——。

本書を通じ、こうした事実を言わば「疑似体験」していただき、読者一人ひとりが戦争の悲劇を引き起こしてはならないという思いを新たにしていただければ大変嬉しい。

解説――幻の本土上陸作戦が伝えるもの

呉市海事歴史科学館（大和ミュージアム）館長　戸髙一成

本年2021年は、1941年に日本がハワイ真珠湾の米海軍基地を奇襲攻撃して太平洋戦争が始まってから80年になる。今日310万人以上の国民の生命を奪った戦争が、太平洋とこの日本の上で実際に起こったことであることを実感することは難しい。しかし、それは忘れてはならない事実であり、二度と同じような悲惨な歴史を繰り返さないためにも、必ず伝えていかなくてはならない歴史なのである。

本書は、その太平洋戦争の最終段階で米軍を中心とした連合軍が企図した日本上陸作戦の実態を追ったもので、アメリカの公文書館などから、米軍の極秘資料を入手するなど、著者の長い取材の足跡が、実施されることの無かった上陸作戦の実態を明らかにしている。同時に、仮にこの作戦が実施された場合に引き起こされたであろう状況を知るために、主に米軍が最初の上陸地点と予定していた九州南端の志布志湾をめぐる鹿児島県の戦災状況を、当時の体験者を訪ねながらその思い出を聞き出している。無論戦後75年という長い時間を経た現在、多くの重要な体験者は既にこの世を去っている。このために主な証言者は終戦時の小学生の世代であり、証言は身辺のエピソードに限られている。しかし、この小さなエピソードの積み上げが伝える子供の目から見た戦争こそが、何の抵抗もできない立場の人間にとっての戦争の無残さを伝えられるのかもしれない。

証言者のひとりである女性は、まだ小学校にも上がらない6歳の時の空襲で片足を失うが、その傷は身体よりも心に長く大きな影を残している。彼女のアルバムの女学生時代の記念写真の義足の足元が黒く塗りつぶしてあるのを見れば、わずか6歳の少女が耐えなければならなかった人生に胸が詰まる思いである。

なぜこのような攻撃が継続されたのか、この背景には、現実の戦争継続能力をまったく失ったにもかかわらず、本土決戦で戦局を挽回するという夢想にすがった日本政府と陸海軍の戦争指導の破綻がある。同時に、米軍内での一種の権力争いがあった。それは、米陸海軍のどちらが日本を屈服させたのか、という米軍にとって既に決定している対日戦争の勝利後の軍の名誉の奪い合いだった。陸軍はマッカーサーがフィリピンを奪還し、そのまま日本に向かい、米陸軍の力で日本を降伏させるというシナリオを描いていたが、米海軍はレイテ沖海戦で事実上日本海軍の艦隊を壊滅に追い込んでいたので、あとは日本の周囲を海軍力で封鎖するだけで、日本は食糧不足から遠からず降伏すると考えていたのである。

ここで計画されたのが、日本本土上陸作戦であるダウンフォール作戦であるが、現実には米軍の考えとしては、最終的にはどのような形にせよ日本本土に上陸して日本政府に無条件降伏を迫るというのは決まっていたことであり、ダウンフォール作戦は、これを具体的にどのような作戦で実施するかを決めたに過ぎない。つまり遅かれ早かれ米軍の本土上陸は避けられなかったのであり、米軍が志布志湾を上陸予定地と考えた時から、九州南部に対する空爆は激しさを加え、民間人の犠牲も増え続ける。このための前哨戦が昭和20（1945）年4月の沖縄上陸作戦だったのである。

ところが、日本政府と日本陸海軍は、米軍の沖縄上陸を本土決戦の開始とは認識していないのである。多くの指導的立場の軍人及び政治家は、沖縄での戦闘を本土決戦までの準備時間を稼ぐための戦いと考えていたのである。驚くべきことである。もしも沖縄が本土の一部でないならば、沖縄県は日本の何なのだろうか。

当時日本側は既に九州から始まるであろう第二第三の沖縄戦を覚悟した準備に入っていたのである。この準備の一環として昭和20年3月には陸軍教育総監部本部長名で「爆薬戦闘ノ参考」を、同4月には大本営陸軍部が「国民抗戦必携」を発行したが、その配布、教育の準備が整わないうちに沖縄に米軍が上陸したので、本格的本土決戦はこれからである、との認識を示したものかもしれない。両書ともに代用武器の制作と戦闘のマニュアルであり、棒の先に爆薬を付けて戦車に突入するような、また竹竿の先にカマを縛り付けて自動小銃を持った米兵と戦うなど、常識では考えられないような内容なのである。このような戦闘が現実に起きれば、目を覆う(おお)ような凄惨な事態になったであろうことは確実であろう。

このような中、8月6日と9日の広島、長崎の原爆投下が実施されたのである。日本は遂に敗北を受け入れて足掛け5年にわたる戦争が終わるのである。

著者の努力はＢＳ１スペシャルの作品「果てなき殲滅戦」として完成するが、番組では紹介しきれなかった資料を何らかの形で残したいとの思いから本書を纏めたという。

本書を一読し、若いディレクターが、想像もできない過去の惨劇を辿る姿には、同じように戦争が二度と起こらないことを願って、平和の大切さを伝える博物館としての「大和ミュージアム」で仕事をしている筆者は、強い共感と大きな期待を感じた。太平洋戦争の全体像を摑むのは容易ではない。さらに、時間が経過することでますます難しくなっているが、筆者自身を含めて、戦争を知らない世代が戦争を調べ、知り、さらに次世代へと伝えていくことは、今後も続けていくべき大切な仕事と思っている。

●海外資料
RG165 Entry NM84-79 Weekly Intelligence Review（National Archives and Records Administration）
RG165 Entry 421 NM86 OPD ABC 475-92（8-28-42）
RG218 Entry UD1 CCS441-5（8-27-42）
RG337 Entry NM5-29H
RG337 Entry NM5-28
RG337 Entry NM5-15A
RG165 Entry 426 OPD Messages
RG165 Entry 426 OPD Messages
RG218 Geographic Files 1942-45 CCS 318 Pac Ocn Area（6-10-43）
RG165 Entry 418 Project Decimal Files
"Downfall" Strategic Plan（Combined Arms Research Library Digital Library）
US chemical warfare policy（George C. Marshall Foundation Library）
"The Atomic Bomb and the End of World War II"（The National Security Archive）

Thomas M. Dolan.2013, *Unthinkable and Tragic: The Psychology of Weapons Taboos in War.*
Richard B. Frank.2015, *Ending the Asia-Pacific War: New Dimensions.*
Richard B. Frank.2016, *Ketsu Go : Japanese Political and Military Strategy in 1945.*

Thomas B, Allen , Norman Polmar, *Codename Downfall: Secret Plan to Invade Japan*, Headline Book Publishing; New edition, 1996.
Richard B, Frank, *Downfall: The End of the Imperial Japanese Empire*, Penguin Books; Reissue edition, 2001.
US Adjutant General, *Army Battle Casualties and Nonbattle Deaths in World War II*, Bibliogov, 2013.

●国内資料
川内郷土史編さん委員会編『川内市史』
枕崎市史編さん委員会編『枕崎市史』
志布志町編『志布志町誌』
鹿児島市編『鹿児島市史』
鹿児島県編『鹿児島県史』
奥村芳太郎編、石川光陽・菊地俊吉ほか写真『日本空襲 記録写真集』毎日新聞社、１９７１年
防衛庁防衛研修所戦史室『本土決戦準備〈2〉九州の防衛』朝雲新聞社、１９７２年
上野文雄『九州8月15日—終戦秘録』白川書院、１９７５年
「別冊1億人の昭和史 銃後の戦史 一億総動員から本土決戦まで」毎日新聞社、１９８０年
平塚柾緒『米軍が記録した日本空襲』草思社、１９９５年
八巻聡『鹿児島県の戦争遺跡 本土決戦編1』２００５年
土門周平『本土決戦—幻の防衛作戦と米軍進攻計画』光人社ＮＦ文庫、２００１年

太佐順『本土決戦の真実―米軍九州上陸作戦と志布志湾』学研M文庫、２００１年
常石敬一『化学兵器犯罪』講談社現代新書、２００３年
日本の空襲編集委員会編『日本の空襲８　九州』（復刻版）三省堂、２００３年
前橋竹之『三角兵舎の月―兵士のように戦争に駆り出された十四歳』（私家版）、２００３年
吉見義明『毒ガス戦と日本軍』岩波書店、２００４年
松野誠也『日本軍の毒ガス兵器』凱風社、２００５年
ロナルド・シェイファー、深田民生訳『新装版　アメリカの日本空襲にモラルはあったか―戦略爆撃の道義的問題』草思社、２００７年
工藤洋三、奥住喜重編『写真が語る日本空襲』現代史料出版、２００８年
保阪正康『本土決戦幻想　オリンピック作戦編　昭和史の大河を往く第七集』毎日新聞社、２００９年
ブリジット・グッドウィン、山岡道男日本語版監修、岸田伸幸訳『太平洋戦争連合軍の化学戦実験　オーストラリアにおける毒ガス人体実験』原書房、２００９年
山田朗監修、日吉台地下壕保存の会編『一度は訪ねてみたい戦争遺跡　本土決戦の虚像と実像』高文研、２０１１年
ダグラス・マッカーサー、津島一夫訳『マッカーサー大戦回顧録』中公文庫、２０１４年
一般財団法人日本地図センター『１９４５・昭和20年米軍に撮影された日本　空中写真に遺された戦争と空襲の証言』日本地図センター、２０１５年
平塚柾緒編『日本空襲の全貌』洋泉社、２０１５年
藤田昌雄『日本本土決戦　知られざる国民義勇戦闘隊の全貌』潮書房光人新社、２０１５年
大島隆之『特攻　なぜ拡大したのか』幻冬舎、２０１６年

主要参考文献

南日本新聞社編纂『特攻この地より―かごしま出撃の記録』南日本新聞社、２０１６年
ＮＨＫスペシャル取材班『ＮＨＫスペシャル　戦争の真実シリーズ１　本土空襲　全記録』角川書店、２０１８年
小山仁示訳『米軍資料　日本空襲の全容　マリアナ基地B29部隊』東方出版、２０１８年
林博史『沖縄からの本土爆撃　米軍出撃基地の誕生』吉川弘文館、２０１８年

番組情報

BS1スペシャル
「果てなき殲滅戦　～日本本土　上陸作戦に迫る～」

番組制作スタッフ

語り:　大竹しのぶ

声の出演:　谷昌樹　山口太郎
取材協力:　工藤洋三　林博史　土田宏成
吉見義明　常石敬一　松野誠也
齋藤達志　織田祐輔　八巻聡
資料提供:　National Archives and Records Administration
George C. Marshall Foundation Library
MacArthur Memorial
Air Force Historical Research Agency
Atomic Heritage Foundation
防衛省防衛研究所　豊の国宇佐市塾
沖縄県公文書館　志布志市教育委員会
共同通信社　昭和館　川内歴史資料館
石川光陽　ユニフォトプレス

撮影:　山﨑優輝
音声:　笹原智裕
照明:　上村拓人
CG制作:　山﨑裕
映像技術:　小池佑紀

編集:　牛島昭
音響効果:　日下英介
リサーチャー:柳原緑
ディレクター:　中津海法寛
制作統括:　諏訪奏

切りとり線

★読者のみなさまにお願い

この本をお読みになって、どんな感想をお持ちでしょうか。祥伝社のホームページから書評をお送りいただけたら、ありがたく存じます。今後の企画の参考にさせていただきます。また、次ページの原稿用紙を切り取り、左記まで郵送していただいても結構です。

お寄せいただいた書評は、ご了解のうえ新聞・雑誌などを通じて紹介させていただくこともあります。採用の場合は、特製図書カードを差しあげます。

なお、ご記入いただいたお名前、ご住所、ご連絡先等は、書評紹介の事前了解、謝礼のお届け以外の目的で利用することはありません。また、それらの情報を6カ月を越えて保管することもありません。

〒101-8701（お手紙は郵便番号だけで届きます）
祥伝社　新書編集部
電話03（3265）2310
祥伝社ブックレビュー　www.shodensha.co.jp/bookreview

★本書の購買動機（媒体名、あるいは○をつけてください）

＿＿＿＿新聞の広告を見て	＿＿＿＿誌の広告を見て	＿＿＿＿の書評を見て	＿＿＿＿の Web を見て	書店で見かけて	知人のすすめで

★100字書評……幻の本土上陸作戦

名前

住所

年齢

職業

NHK「果てなき殲滅戦」取材班　えぬえいちけーはてなきせんめつせんしゅざいはん

NHK鹿児島放送局内に作られた、BS1スペシャル「終戦75年特集」制作チーム。約1年にわたり、日米で戦争体験者・専門家を取材し、オリンピック作戦の全貌を明らかにした。

中津海法寛　なかつみ・のりひろ

2005年、東京大学教育学部卒業。同年、日本放送協会入局。沖縄放送局、東京 報道局、鹿児島放送局を経て、2020年より熊本放送局で制作デスクを担当。主な制作番組に、「クローズアップ現代＋『〝戦場の悪夢〟と金メダル～兵士とパラリンピック～』」「目撃！にっぽん『祖父が遺した戦争～米軍カメラマンよみがえる記録～』」「事件の涙『青いリボンと弟と～北朝鮮 日本人拉致～』」など。

幻の本土上陸作戦

――オリンピック作戦の全貌

NHK「果てなき殲滅戦」取材班＋中津海法寛

2021年8月10日　初版第1刷発行

発行者……………辻 浩明

発行所……………祥伝社しょうでんしゃ

〒101-8701　東京都千代田区神田神保町3-3

電話　03(3265)2081(販売部)

電話　03(3265)2310(編集部)

電話　03(3265)3622(業務部)

ホームページ　www.shodensha.co.jp

装丁者……………盛川和洋

印刷所……………萩原印刷

製本所……………ナショナル製本

Printed in Japan　ISBN978-4-396-11634-7　C0221

〈祥伝社新書〉
昭和史

460
石原莞爾の世界戦略構想
希代の戦略家にて昭和陸軍の最重要人物、その思想と行動を徹底分析する
名古屋大学名誉教授 川田 稔

590
近衛文麿と日米開戦
内閣書記官長が残した『敗戦日本の内側』
近衛内閣の内閣書記官長・富田健治（とみたけんじ）が綴った貴重な記録を読み解く
川田 稔 編

344
蔣介石の密使 辻政信
2005年のCIA文書公開で明らかになった驚愕の真実！
近代史研究家 渡辺 望

429
日米開戦 陸軍の勝算
「秋丸機関」の最終報告書
「秋丸機関」と呼ばれた陸軍省戦争経済研究班が出した結論とは
昭和史研究家 林 千勝

612
一九四四年の東條英機
近代日本の「欠陥」と闘った宰相の苦悩を描き出す！
歴史研究者 岩井秀一郎